暴力と和解のあいだ

Conflict or Reconciliation?: Identity Politics in Northern Ireland

北アイルランド紛争を生きる人びと

尹慧瑛

YOON Hae Young

法政大学出版局

目次

アイルランド島／ブリテン島

北アイルランド（州および主要都市）

凡　例

本書では、基本的に'Britain','Great Britain'を「イギリス」としたが、とくにユニオニズムの主張に関わる文脈や地理的関係を説明する場合においては、そのまま「ブリテン」「グレート・ブリテン」と表記した。'United Kingdom'は「連合王国」、'England'は「イングランド」とした。また、本書のキーワードである'Britishness','British'は、'Englishness','English'との違いを明確にする必要がある場合は、「ブリティッシュネス」「ブリティッシュ」とした。

プロローグ

はじめて北アイルランドを訪れたのは、一九八七年の秋だった。アイルランド各地を旅行していた私たち家族は、北アイルランドにも行ってみようということになったのだ。紛争の経緯も当時の政治情勢もまったく知らなかった私にとって、銃を携えた兵士が街中を歩き回っている様子は衝撃的であった。ただ知っていたのは、アイルランドがイギリスの植民地支配の結果、南北に分断された島であること、だからアイルランドの人びとはイギリス領である北アイルランドをいつか取り戻し、統一を望んでいるのだということだった。

ひとつの光景がいまでもしっかりと脳裏に焼きついている。ベルファストのシティ・ホールに掲げられた巨大な横断幕である。「ベルファストは拒否する（Belfast Says No）」の文字を目にしたとき、ヴィクトリア女王の彫像がそびえ立つその真横で、植民地主義への断固たる抵抗を高らかに宣言するナショナリストの思いに、感情を揺さぶられた。けれども、この「NO」が、まったく正反対の立場、つまりアイルランド統一に断固として反対し、北アイルランドが連合王国にとどまることを望むユニオニストからなされたものであることを、私はずっと後になって知ることになる。

「抵抗するマジョリティ」の姿は、今日において珍しいものではない。グローバリゼーションがもたらす不安感のなかで、移民の増加という「脅威」に対する主流派の反動は、ポピュリズムと結びつきながら世界各地で展開されている。とりわけ、二〇〇一年九月一一日のアメリカの同時多発テロ事件以降は、圧倒的な軍事力の行使が「民主主義」や「正義」の名のもとで正当化されてきた。それは、マジョリティにとってそれまで当たり前であったことが、傷つけられ、揺さぶられ、切り崩されたことに対する暴力的な反発であったともいえる。

このような動きは、歴史認識においても目立ってきている。たとえば、これまで「加害者」として侵略・虐殺の過去を厳しく問いつづけてきたドイツが、自らもまた「被害者」であったことを語りはじめている。第二次世界大戦末期の連合軍による爆撃、ドイツ旧東部領を含む東欧からの強制移住、ソ連兵による暴行などの「抑圧されてきた過去」への注目は、隣国ポーランドとのあいだに深刻な摩擦を引き起こしている。日本における『新しい歴史教科書』の採択や、首相の靖国参拝をめぐる議論が、東アジアに深い亀裂をもたらしたことも記憶に新しい。歴史や「和解」、ナショナル・アイデンティティをめぐる問いは、ますます混迷をきわめつつある。

本書の目的は、こうした暴力と対立を生きるなかでの「平和」や「和解」をめぐる問題を、北アイルランドという〈場〉に根ざしながら、とりわけマジョリティであるユニオニストの経験を通して考えようとするものである。北アイルランドは、イギリスによるアイルランド植民地支配の結果が凝縮された〈場〉であると同時に、三〇年以上にわたる紛争によって社会が著しく分断された〈場〉でもある。暴力と分断の克服が課題となってきた一方で、歴史と記憶をめぐる対立や相互不信は「和解」の困難さをことあるごとに示してきた。このことは、私たちにつぎのような点についての再考を促す。

ひとつは、平和への訴えや、国家や民族などは簡単に乗り超えられるという主張が、じつは自らのナショナル・アイデンティティが自明で、そのことがさまざまなかたちで保証されている立場からなされているのではないかということである。「反暴力」「平和」を訴えるとき、なんのためらいもなくそう言えることの安全性にどれだけの人が無自覚でいるだろうか。

もうひとつは、マジョリティ／抑圧者への批判的なまなざしとセットになった、マイノリティへの「無邪気な」自己同一化についてである。たとえば、アイルランド・ナショナリズムを描く映画を観たとき、〈主人公〉に共感を寄せる自らのポジションは、じつのところ主人公を苦境へと追いやる〈敵〉と同じ側に位置づけられはしないだろうか。ユニオニズムをただやみくもに批判することは、同じ状況に立たされたとき、自らもまたそのようなふるまいをしかねないことへの想像力を奪ってしまうのではないか。

北アイルランドは、そのような問いをつきつけながら、植民地の歴史、紛争の歴史を経たマジョリティとマイノリティの関係性をめぐって、多くの示唆を与えてくれる〈場〉なのである。

第1章　北アイルランドという〈場〉

アイルランドは、イギリスの「最初の」植民地であり、また「最後の」植民地であるといわれる。この「最後の」とは、いうまでもなく北アイルランドをさしている。

北アイルランドは、ブリテン島の海を挟んだ西側にあるアイルランド島北部に位置するが、行政的には連合王国の一部に組み込まれたイギリス領である。よく知られた「ユニオン・ジャック」をあらためて眺めれば、白地に赤十字のイングランド旗、青地に白の斜め十字のスコットランド旗とともに、白地に赤の斜め十字のアイルランド旗を見いだせるだろう。また、日本では一般に「イギリス」(1)という呼称を用いることから忘れがちだが、「グレート・ブリテンおよび北アイルランド連合王国(The United Kingdom of Great Britain and Northern Ireland)」という正式名称からも、その関係は一目瞭然である。これらは、イギリスとアイルランドとの歴史的関係と現在の状況、すなわち、北アイルランドが、かつてのアイルランドとイギリスの植民地関係による歴史的所産であったことを物語っている。

この北アイルランドを訪れたいなら、ロンドンからは飛行機で約一時間、アイルランド共和国首都のダブリンからは、特急列車でおよそ二時間ほどしかかからない。しかし、この地に対する心理的距離は、アイルランド生まれの旅行作家D・マーフィが一九七八年に著した本のタイトル『隔たれた地(A

Place Apart）』にあるように、物理的な距離をはるかにしのぐ。一九六〇年代末にはじまった紛争がその最大の要因であるが、イギリス本土およびアイルランド共和国からの無関心、そして問題に巻き込まれたくないという忌避感が強ければ強いほど、その両者が、北アイルランドの何に目をつぶり、また何を置き去りにしてきたのかという重い問いが浮かび上がってくる。

一　支配と抵抗の政治——ユニオニズムとナショナリズム

北アイルランド問題の背景

イギリスのアイルランド支配は一二世紀にはじまるが、一六世紀の宗教改革と、一七世紀以後のスコットランドおよびイングランドからのアルスター（Ulster）[2]地方への大規模な植民は、アイルランドをイギリス絶対王政の植民地にするうえで重要な役割を果たした。まずは、イギリスによるアイルランド支配の過程をみてみよう。

紀元前三世紀から二世紀にかけて来島したケルト人は先住民を征服し、アイルランドにゲール文化を定着させる。このゲール文化の社会をキリスト教化したのが、五世紀にアイルランドで布教活動をおこなった聖パトリックである。しかし、その活動は自然崇拝や教区制度のかわりにゲール社会の行政単位である部族を基礎とするなど、ゲールの伝統を利用しつつおこなわれたため、アイルランドのキリスト教はヨーロッパとは異なる独自の発展をみせた。

一一世紀、ローマ教皇はゲール教会のローマ化をはかろうとしたが、アイルランドにおいて教会改革を強力に推進するだけの政治権力をもたなかったため、改革は思うようにすすまなかった。一二世紀半ば、教皇ハドリアヌス四世はイングランド国王のヘンリ二世にアイルランドの領有を認め、アイルランドにおけるローマ教会的秩序の確立を求めた。ヘンリ二世は大軍を率いてアイルランドに渡り、先に侵攻していた臣下であるアングロ＝ノルマン貴族たちに領地を分け与え、ゲール諸王の服従をもって、ここにイギリスのアイルランド支配がはじまったのである。しかし、アングロ＝ノルマン領主たちはゲール諸王とのあいだに婚姻を結び、しだいにゲール化していった。これを阻止し、植民地政策を防御するために、双方の婚姻やゲール語の使用などを禁じる法律が定められたが、充分な効力を発揮しなかった。

こうしてアイルランドへ渡った貴族たちは国王から離反し、アイルランドは彼らの自治領のような存在になっていた。しかし、一六世紀になるとテューダー朝によるアイルランド再征服がおこなわれることになる。ヘンリ八世は、ゲールの有力氏族と血縁関係を結び権勢を誇っていたキルデア伯を滅亡に追いやり、一五三六年、ダブリン議会で首長令を決議させ、アイルランドにも国教会を強制した。そして一五四一年、ついにアイルランド国王の称号を獲得する。テューダー朝の支配は、カトリック弾圧と土地収奪というイギリスのアイルランド支配政策の基礎を築くものであった。これらを決定的かつ広範に実施したのがエリザベス一世である。

エリザベス一世はアイルランド全島の州化を宣言し、中央集権的統治体制をしいた。一五六〇年には、イギリス本国につづいて首長令と統一令をダブリン議会で成立させ、アイルランドにおける宗教改革を強制したが、ケルト教会のアイルランド人にとってこの改革は受け入れがたく、アイルランド人の伝統ともいえるカトリック信仰は、この時期に定着する。つづくジェイムズ一世の時代には、一六〇八年、政府の計画によるアルスターへの大規模な植民が実施され、アイルランドの植民地化をさらに推しすすめた。プロテスタント入植者は先住のアイルランド人であるカトリックから土地を収奪し、これ以後プロテスタントの支配的・優越的地位のもとで、宗派と支配－被支配の関係が結びついた〈二つのコミュニティ〉の基盤が形成されたのである。

一七世紀の清教徒革命と名誉革命は、イギリスに市民社会をもたらしたが、アイルランドにとってはイギリスの植民地政策がますます強められてゆく過程にすぎなかった。一六四〇年代にはアイルランド・カトリックによる反乱が全島で展開されるが、オリヴァー・クロムウェルは大軍を率いてアイルランドに上陸し、これを徹底的に鎮圧した。王政復古はアイルランドのカトリックに希望を抱かせたものの、名誉革命によって、カトリックの王ジェイムズ二世はイギリスを追われた。アイルランドは、イギリスがオランダから迎えたオレンジ公ウィリアム（ウィリアム三世）を受け入れなかった。

一六八九年、ジェイムズ二世は逃亡先のフランスからアイルランドに上陸し、デリーに攻め入ったが、プロテスタント勢力の必死の抵抗に阻まれ、彼らは八月一二日、イギリス軍に救出された。一六九〇年、アイルランドに渡ったウィリアム三世は、七月一二日のボイン河の戦いでジェイムズ二世を破り、アイルランドにおけるプロテスタント支配を確立させた。その後、一八〇〇年の合同法によって、アイルランドは連合王国に組み込まれることとなった。現在のイギリス国旗ができあがったのはこのときである。

北アイルランドの成立

数世紀にわたってイングランド／ブリテンの支配下にあったアイルランドは、一九世紀におけるさまざまな抵抗運動や自治運動、二〇世紀初めの[3]独立戦争などを経て、一九二二年にようやく自治領として独立を達成する。そのさい、プロテスタント住民が多数を占めていたアルスター地方の大部分が「北アイルランド」としてイギリス領にとどまることとなった。これが今日「北アイルランド問題」と呼ばれるものの起源である。当時のプロテスタント住民とカトリック住民の人口比はおよそ二対一であり、北アイルランドはその成立当初から内部に対立する〈二つのコミュニティ〉を抱えていたのである。

一九二二年に南部の二六州により成立した「アイルランド自由国」は、一九三七年に制定された憲法により国名を「エール」とし、一九四九年にイギリス連邦を脱退して正式に「アイルランド共和国」となった。独立後のアイルランドの国家的課題は、第二次世界大戦における中立の表明、一九七二年のヨーロッパ共同体（ＥＣ）への加盟など、政治・経済・文化のあらゆる側面において「脱イギリス化」をなしとげることであった。

一方、一九二一年に成立した北アイルランドは、独自の議会と行政府をそなえていたが、この北アイルランドにおける自治は、一九七二年のイギリスの直接統治にいたるまで、一貫してユニオニストの支配体制のもとにおかれてきた。一党独裁の政府の目的は、北アイルランド成立当初、人口の約三分の二を占めていたプロテスタント住民の支配的位置の確立であり、そのために有利な諸制度が設けられた。たとえば、地方議会でのプロテスタント支配の維持を目的とした比例代表制の廃止、選挙権の制限、複数選挙権、選挙区のゲリマンダリング（特定政党に有利なように特別に選挙区を区割りすること）や、

写真1　城壁から見おろしたデリーのボグサイド地区。左手の壁画は，ピープルズ・デモクラシー（PD）の指導者のひとりで，1969年に史上最年少の女性として英国下院議員に当選したバーナーデッド・デヴリンを描いたもの（筆者撮影）

北アイルランド政府の内務大臣とアルスター警察に強大な権限を与えた特別権限法(4)の制定などである。また、公的諸機関がユニオニストに占有されていたことにより、公営住宅の割り当て、雇用、教育においても日常的な差別が横行していた。

公民権運動から暴力への転換

一九六〇年代末に登場するカトリック住民を中心とした公民権運動は、こうした選挙・雇用・住宅・教育などにおける制度化された差別政策に対する「異議申し立て運動」であった。アイルランド共和国との関係改善や、北アイルランドにおけるカトリックの地位向上などの「宥和政策」をはじめてうちだした穏健派政権が登場していたこと、教員・ジャーナリストなどのカトリック知識人が台頭しつつあったことに加え、アメリカの黒人を中心とした公民権運動の高まりが大きな影響を与えたともいわれている。一九六七年に設立された北アイルランド公民権協会（NICRA）は、宗派や政治的信条によらないすべての市民の基本的権利の確立を掲げ、デモ行進や集会などを通じて具体的な問題の解決に取り組んだ。これを受けてテレンス・オニール首相は改革を約束し、また、若い大学生らを中心としたピープルズ・デモクラシー（PD）という新たな政治グループが結成されるなど、運動は一定の成果をみせていった（写真1を参照）。

しかし、当初は平和的におこなわれていた公民権運動は、やがて北アイルランドにおける根深い分断と対立を顕在化させることになった。オニール首相の改革は、プロテスタント過激派からは猛烈な反発を招き、公民権運動側からは不充分とされた。「ひとり一票」を訴えるデモ行進は、武装した警官やBスペシャルと呼ばれる補助部隊、プロテスタント過激派によってたびたび妨害・攻撃され、多くの負傷者をだすようになる。たび重なる衝突によって緊張が高まるなか、一九六九年八月にデリーのカトリック地区ボグサイドで起きた住民どうしの衝突をきっかけとして、暴力はベルファストにも拡大し、数日後には治安維持の名目でイギリス軍が派遣されることとなる。当初は仲介の役割を期待してカトリック住民から歓迎されたイギリス軍であったが、すぐさま対立関係があらわになり、カトリック・コミュニティの守護者としてアイルランド共和軍（IRA）が活動を活発化させていった。

一九七二年、イギリスの治安部隊によって一三人の一般市民が射殺された「血の日曜日事件」（写真2を参照）を契機に、イギリスは北アイルランド自治の権限を停止し、直接統治を開始する。両派の武装組織や、アルスター警察、イギリス駐留軍を中心として暴力闘争が展開されるなか、和平をめざす合

写真2 「血の日曜日事件」の犠牲者を描いた壁画（筆者撮影）

意が、イギリス・アイルランド両政府によって何度も試みられてきたが、さしたる成果をえられないまま紛争は泥沼化していったのである。

北アイルランド問題と北アイルランド紛争

北アイルランドの帰属をめぐっては、カトリック住民の多くはイギリスからの分離・アイルランド島全島の完全独立を主張する〈ナショナリスト〉であり、プロテスタント住民の多くはイギリスとの連合維持を望む〈ユニオニスト〉であるとされる。しばしばカトリック／プロテスタントという区分は、ナショナリスト／ユニオニストという政治的要求による区分と同義であるかのようにみなされるが、両者は必ずしもイコールで結べるものではない。しかし、両者があたかも同義であるかのようにみなされ、互いに対立させられることこそが、北アイルランドにおける事態を硬直化させてきた原因のひとつであったといえる。

こうした緊張をともなう状況においては、さまざまな事柄がすぐさま政治性をおびてしまう。その代表的なものが「名前」である。たとえば、北アイルランドをさすものとして、「六州（six-county）」や「北（the North）」に対し、「アルスター（Ulster）」がある。また、北アイルランド第二の都市である「デリー（Derry）」に対して、「ロンドンデリー（Londonderry）」がある。(5) ブリテンとアイルランドが属する列島の名称としては、'these islands' に対して 'British Isles' がある。前者はカトリック／ナショナリスト、後者はプロテスタント／ユニオニストに好まれ、それぞれの歴史認識およびナショナル・アイデンティティを反映している。

北アイルランド問題は、その帰属をめぐる政治的対立だけでなく、雇用問題に代表される社会的・経済的不平等、教育・居住区などにおける分離を背景としたコミュニティ間の関係などのさまざまな要素が、複雑にからみあったものとして理解されるべきであろう。しかし、何が「問題」となるのかは、それぞれの立場によって異なり、また当然のこととしてその目標や「解決」方法も異なる。カトリック過激派にとっての「問題」がアイルランドの南北分断とイギリスによる北アイルランド支配であり、その目標がイギリス軍の撤退、アイルランドの統一、独立であるならば、プロテスタント過激派の「問題」はカトリックとの「権力分有《パワー・シェアリング》（power-sharing）」であり、その目標はイギリスとの連合維持、北アイルランドにおけるプロテスタント支配体制の確立ということになる。さらに、紛争におけるさまざまな勢力はけっしてこの二つに集約されるものではなく、これらの対立する主流なヴィジョンのあいだには無数のヴィジョンが存在している。このような互いに妥協しがたい目標の達成が、いつしか暴力の連鎖のなかに巻き込まれていったのが「北アイルランド紛争」であったといえる。

二　歴史と記憶

日本では、「アイルランド問題」と「北アイルランド問題」とが混同して用いられることが多い。しかし、両者はともにイングランド／ブリテンのアイルランド植民地支配という歴史的起源を背景にもちながらも、異なる様相を含んでいる。両者の違いは、ひとまずつぎのような問題の転換としてとらえることができるだろう。すなわち、「アイルランド問題」がイングランド／ブリテンとアイルランドの支配－被支配の関係を問題にするのに対し、「北アイルランド問題」は、北アイルランド紛争という背景のもとに、むしろ北アイルランド内部におけるコミュニティ間の関係を問題にするという点である。ここでは、ナショナル・アイデンティティをめぐる観点からこの「アイルランド問題」と「北アイルランド問題」のあいだのずれに注目し、北アイルランド研究の枠組みの考察を通じて、北アイルランドという〈場〉がいかなる問題設定の可能性をもっているのかを考えてみたい。

北アイルランド紛争のインパクト

紛争の長期化によって顕在化した暴力とナショナリズムの問題は、北アイルランドが抱えていた諸問題を先鋭化させたばかりでなく、アイルランド共和国にも大きな影響を与えた。その代表的なものが、アイルランドにおける修正主義論争（revisionist controversy）である。[6]

それまでのアイルランド共和国で支配的な位置を占めていた歴史観は、「ナショナリスト史観」と呼ばれるものであった。これは、アイルランドの歴史を「イングランド／ブリテンの支配に対するアイルランド（人民）の抵抗・闘争の歴史」と定義したうえで、前者を「望まれざる悪」、後者を「正義」とみなすものであり、世紀転換期にアイルランドが議会主義的自治運動に代わって分離独立への運動に傾斜してゆくなかで根づいていった歴史認識であった。[7] こうしたナショナリスト史観に対し、「科学的」な歴史学の手法を用いてそれまでの歴史を再解釈・再評価するという意味での「修正主義」は、T・W・ムーディやR・D・エドワーズらによってすでに一九三〇年代にはじめられていたが、それはあくまでも研究者による学問という限定された場での議論であり、社会的には大きな影響をもたなかった。しかし、ナショナリズムと暴力とが密接に結びついた北アイルランド紛争の開始によって、歴史家は暴力の正当化につながるようなナショナリスト史観における「神話」との対決を迫られ、その政治的立場、役割を問われることになったのである。

アイルランド自由国および共和国の建国のイデオロギーを、排除すべき神話とみなす「修正主義者」に対し、「ナショナリスト」からは当然のごとく強い反発が起こった(8)。反論は歴史学のディシプリンを越えたさまざまな分野からおこなわれただけでなく、問題がアイルランドにおける歴史認識やナショナル・アイデンティティに関わるものでもあったため、一九七〇年代から九〇年代初めにかけて、修正主義論争は学問的な場を超えて展開されていった。

この論争を「修正主義者」と「ナショナリスト」の対立として単純にとらえることはできない。アイルランドの人びとが北アイルランド紛争という事態に対してどのように政治的に関わるのか、また、IRAなどの暴力を正当化するナショナリスト史観をいかに否定するかという課題において、修正主義の主張やそれに対する反論にはさまざまなヴァリエーションが生じるからである。そこでは誰が「修正主義者」であり、誰が「ナショナリスト」であるかは、判断基準をどこに設けるかによって変わってくる。たとえば、修正主義においてなされた、北アイルランドも視野に入れた「アイルランドにおける多様な文化の存在の承認」という主張は、アイルランドの南北分断の是認というユニオニストの主張と重なるものであるが、他方では、多文化を内包するアイルランドの再定義という観点から、ナショナリズムの概念と相反しないものにもなる。また、アイルランド史における、より「科学的」な記述の必要性の主

をめぐる意識調査，1968-1994年

（単位：%）

カトリック				
ブリティッシュ	アイリッシュ	アルスター	ノーザン・アイリッシュ	その他
15	76	5	−	4
15	69	6	−	10
10	60	2	25	4
10	62	2	25	1
12	61	1	25	2
10	62	−	28	−

ときはアイリッシュ」を含む。

Attitudes in Northern Ireland (The Fifth Report 1995-1996), Belfast: Appletree Press,

張は、必ずしも、北アイルランド紛争をきっかけとした学問の政治への積極的関わりの肯定に結びつくものばかりではなかった。しかし、論争においては、「ナショナリスト史観」を修正しようとするものはみな「修正主義者」であり、すなわち「反ナショナリスト」であるとみなされたのである(9)。

以上のことからもわかるように、北アイルランド紛争は、アイルランドにおける学問と政治の関係や、誰が、誰に向かって問いかけるのかという研究者の発話の位置を激しく揺さぶるものであった(10)。このことは、後にみるように北アイルランド研究の変容にも大きな影響を与えることになる。

また、北アイルランド紛争は、北アイルランドにおける人びとのナショナル・アイデンティティにも重大な影響をもたらした。北アイルランドの帰属、すなわち、ナショナル・アイデンティティをめぐる葛藤は、北アイルランド問題を構成する重要な要素であり、たとえば宗派とナショナル・アイデンティティの相互関係については、これまでに多くの研究がおこなわれてきている（表1を参照）。それらの調査結果を参照すると、紛争がはじまる直前の一九六八年では、プロテスタントの三九パ

表1　ナショナル・アイデンティティ

年	プロテスタント				
	ブリティッシュ	アイリッシュ	アルスター	ノーザン・アイリッシュ	その他
1968	39	20	32	−	9
1978	67	8	20	−	5
1989	68	3	10	16	3
1991	66	2	15	14	3
1993	70	2	16	11	3
1994	71	3	11	15	−

註：「その他」は，「アングロ・アイリッシュ」，「あるときはブリティッシュ，ある
出典：K. Trew, 'National Identity', in R. Breen, P. Devine and L. Dowds (eds), *Social*
1996, p. 142 より作成。

ーセントが自らをイギリス人（British）、二〇パーセントが自らをアイルランド人（Irish）であると回答していたのに対し、一〇年後の一九七八年では、その割合が、それぞれ六七パーセントと八パーセントに変化している。また、紛争の日常化にともなって、プロテスタント＝ブリティッシュ、カトリック＝アイリッシュという二極化がすすむ一方、一九八九年には、新たに北アイルランド人（Northern Irish）という項目が設けられ、プロテスタント、カトリックともに全体の二割程度を占めるようになった。こうしたナショナル・アイデンティティ調査にみる変遷は、まさに、北アイルランド紛争という緊張した状況が、人びとのナショナル・アイデンティティをつくりあげ、強化していったことを示している(11)。

北アイルランド問題をどうみるか

北アイルランド紛争の開始と長期化は、暴力と結びついたナショナリズムの問題を顕在化させるとともに、北アイルランド研究の飛躍的な増加を促した。では、これらの膨大な数にのぼる研究において、北アイルランドはどのような〈場〉としてと

られてきたのだろうか。

個々の研究者が北アイルランドにおける対立の構図をどのようにとらえているか、つまり北アイルランド問題をどのような枠組みでみているかに注目したジョン・ホワイトによれば、北アイルランド研究は以下の四つに分類される[12]。すなわち、対立軸を（一）イギリス対アイルランドとする「伝統的」ナショナリストの解釈、（二）南アイルランド対北アイルランドとする「伝統的」ユニオニストの解釈、（三）資本家対労働者とするマルクシストの解釈、（四）北アイルランドにおけるプロテスタント対カトリックとするコミュニティ、もしくは内紛研究者による解釈である[13]。ここでは、北アイルランドという〈場〉を考える手がかりとして、これらのホワイトの定義による四つの北アイルランド問題解釈を用いながら、北アイルランド研究としてどのような問題が存在し、それがどのように転換してきたのかを考えてみたい。

「伝統的」[14]解釈　「伝統的」ナショナリストの解釈は、北アイルランド問題をイギリスとアイルランドの対立とみなすものである。ここでの代表的な主張は、「アイルランドの人びとはひとつのネイションを形成し、また、アイルランド分断の責任はイギリスにある」というものである。したがって、本来ならば「ひとつの」ネイションの一員であるはずのユニオニストのアイルランド統一への抵抗は、イギリスによって人為的につくられたものであり、イギリスがユニオニストを扇動しなければ、双方の妥協は可能だったはずであるとみなされる[15]。この伝統的ナショナリストの解釈は、北アイルランド成立の時期に起源をもつが、前述の修正主義論争における「ナショナリスト史観」にも連なるものであるといえる。

一方、「伝統的」ユニオニストの解釈は、北アイルランド問題を（ナショナリストの）南アイルランドと（ユニオニストの）北アイルランドの対立とみなす。ここでの主張は、「アイルランドにはユニオニストとナショナリスト（あるいはプロテスタントとカトリック）という二種類の人びとがおり、北アイルランド問題の中心は、ナショナリストがこの事実を認識せず、また彼ら同様の自決権をユニオニストに許容しないことにある」というものである。イギリスに北アイルランド問題の責任を求めるナショナリストの解釈とは異なり、ユニオニストにとってのイギリスは、ナショナリストにあまりにも簡単に屈服してしまいがちな、「信頼のおけない同盟者」となる。こうした見方も、伝統的ナショナリストと同様に、北アイルランド成立時に起源をもつものである(16)。

以上の二つに対し、マルクシストの解釈は、北アイルランド問題を資本家対労働者の対立としてみるものである。マルクシストにとって、労働者の資本家に対する闘争は国家独立に向けての闘争であり、プロテスタントとカトリックの争いはアイルランド自治の達成によって消滅すると考えられてきた。反対に、アイルランドの分断は、階級問題のかわりにナショナルな問題を持続させ、アイルランドにおける労働者階級の調和を破壊するものとされた(17)。アイルランド分断によって北アイルランドが成立した後は、北アイルランドの資本家階級が労働者階級を抑圧してプロテスタントとカトリックを分離させ、宗派間の対立を煽ったり、待遇の差を設けるという手段によって、両者の連帯を妨げているという主張がなされた(18)。

紛争以降の解釈　しかし、これらの伝統的ナショナリスト、伝統的ユニオニスト、（伝統的）マルクシストによる北アイルランド問題認識は、一九六九年以降の北アイルランド紛争の激化にともない、イギリス・アイルランド両者の責任を問いながらも、問題の所在を北アイルランド内部に求める方向へ修正せざるをえなくなってゆく。

伝統的ナショナリストの解釈においては、プロテスタントの非妥協的態度がイギリスの陰謀によるものだという見解は、紛争開始後に顕著になったイギリス政府の北アイルランド政策やアイルランド統一に対するプロテスタントの一連の抵抗によって、いっそう論じがたいものへとなっていった[19]。アイルランド分断を引き起こした原因の標的は「イギリス」から「北アイルランドのプロテスタント」へと移り、ユニオニストの態度を解明しようとする研究などに関心が注がれるようになった[20]。

同様に、伝統的ユニオニストの解釈においても、北アイルランド問題の原因が南アイルランドの分断終焉の要求にあるとみることが困難になり、議論の対象は「南の政府・人びと」から「北のカトリック」へと移った[21]。そうしたなかで、これまで伝統的ナショナリストの解釈が軽視してきた点である、北アイルランドのプロテスタントが自らをアイルランド共和国とは別個の単位としてみなす理由、すなわちユニオニストが北アイルランドの国境を維持したいと主張する根拠が、宗教、ナショナル・アイデンティティ、経済などの側面から論じられた。また、ユニオニスト支配体制の研究[22]や、共和国内のプロテスタントの問題も広く扱われるようになった。

伝統的マルクシストの解釈においても、プロテスタント労働者はユニオニストのイデオロギーを本当に信じているのではなく資本家やイギリス人によって騙されているのだとする、マルクシストやナショナリストの耳に心地よい理論は、公民権運動やＩＲＡの武装闘争に対するユニオニスト労働者の憤激を目の当たりにして、信じがたいものになっていった[23]。かわって、従来とは異なる角度からさまざまな研究がおこなわれるようになったが[24]、なかには、北アイルランドにおける労働者階級の分断は、北のカトリックが北アイルランド「国家」を受け入れないことを南アイルランドのカトリック・ナショナリストの資本家が鼓舞したためであるという、まったく正反対の結論を導き出したものもある[25]。「修正主義」マルクシストの解釈は、コノリーに代表されるような「伝統的」マルクス主義解釈への批判的姿勢という点では共通するものの、オルタナティヴにおいての合意がなく、マルクス主義学派における北アイルランドをめぐる見解の統一性は一九七〇年代に失われていった[26]。

このように、それまで支配的だった解釈が、紛争という深刻な現状において変容を迫られるなかで登場してきたのが、北アイルランド問題を北アイルランド内部におけるプロテスタント対カトリックの対立とみなす、内紛（internal-conflict）およびコミュニティ研究者の解釈である。ここでは、それまでの「伝統的」解釈と比べて、外的要因よりも内的要因が強調されており、北アイルランドにおけるコミュニティ間の関係、教育、住宅・雇用における差別、ゲリマンダリング、暴力と治安などをめぐってさまざまな研究がおこなわれ、差別や対立の解消、コミュニティの共存・融和が模索されてきた[27]。

こうして、一九七〇年代初めまで支配的な位置を占めていた「伝統的」な北アイルランド問題解釈は、一九七〇年代におけるマルクス主義の再興とともに、マルクシスト的解釈にしだいに取って代わられ、一九八〇年代以降は、北アイルランド内部に焦点をあてた内紛解釈にもとづく研究が、一九九〇年の時点においてホワイトがいうところの、「今日の北アイルランド研究の支配的パラダイム」になったのである。

近年の研究　右のホワイトによる北アイルランド研究の考察は、四つのカテゴリーの妥当性や、彼が提示する北アイルランド紛争の「解決策」への疑問などいくつかの批判があるものの[28]、間違いなく、今日、北アイルランド研究をおこなう者にとってのひとつの参照軸になっている。ホワイトの研究を通過したうえで、いかなる問題提起にもとづいて新たな解釈を提示するかという課題が、個々の研究者に問われているといえる。

ホワイトの『北アイルランドを解釈する』出版以降の代表的な北アイルランド研究としては、以下のものをあげておきたい。まず、エスニック紛争研究の専門家であるJ・マクガリーとB・オレアリーは、北アイルランド紛争のイメージの単純化・固定化、あるいはそれをそもそも「理解不可能なもの」とする見方に異義を唱え、外在的（ナショナリスト、ユニオニスト、マルクシスト）および内在的（宗派、文化、経済）な観点からの紛争解釈を批判的に考察し、他のエスニックな対立・エスニック紛争との比較の有効性を主張している[29]。人類学者のJ・ルアンと政治学者のJ・トッドは、北アイルランドにおける歴史的過程、コミュニティの相互関係、イデオロギー、政治、経済、文化を、より広いイギリス、アイルランド、国際的な文脈において分析する必要性を唱え、そうしたなかから、北アイルランド紛争の解決策として、北アイルランドにおける関係性のシステムを解体するものとしての「解放のためのアプローチ（emancipatory approach）」を提案している[30]。

マクガリーとオレアリー、ルアンとトッドは、ホワイトが一九八〇年代以降の北アイルランド研究における支配的パラダイムと呼んだ内紛解釈が、イギリス、アイルランド、アメリカなどにとって問題を自らのものとして考えずにすむ都合のよい見方であると指摘しており[31]、北アイルランド問題を広範な視野から位置づけることで、研究の方向性をより豊かなものにしているといえるだろう[32]。

このように北アイルランド研究をながめてみるなら、ホワイトの提示した四つの解釈とは別に、大きな軸としてつぎの二つが浮かび上がってくる。第一は、北アイルランド問題を構成するものとして、外的要因と内的要因のどちらを重視するかである。個々の研究者の問題関心との関わりからどちらにより強調をおくかによって、さまざまなヴァリエーションが生じる。第二は、北アイルランド問題および北アイルランド紛争に対する研究者の政治的立場、つまり、紛争の具体的な解決策を提示しようとするものであるかどうか、また、そもそも解決策があるとみるかどうかである。

ホワイトは、これまでなされてきた膨大な量におよぶ北アイルランド研究は、現実的な解決にほとんど役立ってこなかったとしながらも、けっして「解決策はない」とするのではなく、どんな方法でも北アイルランドに平和をもたらすものであればそれを支持すると述べている(33)。これに対して、ホワイトの四番めのカテゴリーに分類されたダービーは、「紛争を解く鍵はそれを解決しようとしないことにある」とし、他の紛争や対立を抱える社会との比較研究の必要性を説いている(34)。

三　北アイルランド問題

以上みてきたように、北アイルランド研究は一九六〇年代末にはじまった紛争をきっかけに量・質ともに増大し、研究の枠組みや焦点も転換してきた。北アイルランド問題および北アイルランド紛争は、和平合意に向けてのたび重なる困難さをみても、北アイルランドに特有のプロテスタント対カトリックの対立、といった側面のみではもはやとらえきれない諸相を抱えている。こうした状況において、紛争を「解決」しようとする具体的な試みとはまた別の角度から、北アイルランドという〈場〉をどのように考え、問題のありかを提示できるのかという視点が必要となるだろう。

アイルランドおよびイギリスにとっての「周縁」である北アイルランドは、紛争を頂点とする緊張状態におかれつづけることで、内包する諸問題を鋭く浮かび上がらせてきた。なかでも、北アイルランドにおけるアイデンティティをめぐる問題の重要性は、北アイルランド問題をアイデンティティの衝突や葛藤という側面からとらえる研究の増加に顕著にあらわれている(35)。これらの研究成果をいかに分節化し、組み替えてゆくかは、北アイルランドという〈場〉を、北アイルランドが抱える固有の問題の舞台としてだけではなく、広く植民地主義や帝国主義、エスニシティをめぐる問題といった近代国民国家が抱える共通の問題との結節点とするうえでも、重要な作業である。ここでは、第二節でみた北アイルランド問題の解釈を、あらためてナショナル・アイデンティティをめぐる問題という観点から考察し、ナショナル・アイデンティティ研究の〈場〉としての北アイルランドについて考えてみたい。

北アイルランド研究の枠組みとナショナル・アイデンティティ

さきにみたように、伝統的ナショナリストの解釈は、アイルランドの人びとを「ひとつの」ネイションとみなすため、カトリックとは異なるプロテスタントのアイデンティティや彼らのアイルランド統一への反発を充分に説明できないでいた。また、伝統的ユニオニストの解釈は、北アイルランドをプロテスタントからなる均質な社会とみなすため、マイノリティであるカトリックの存在および彼らのアイデンティティの主張を無視することになってしまい、北アイルランドにおけるカトリックとプロテスタントの対立を説明できないでいた。

このような伝統的ナショナリストと伝統的ユニオニストの解釈は、互いを北アイルランド問題の最大の要因とみなす、対立しあう非妥協的な解釈であるようにみえるが、ひとつの共通点をそなえている。それは、両者が「相反するようにみえて、じつは『民族自決の原則』という同じパラダイム上の理論」だという点である。[36]つまり、伝統的ナショナリストはアイルランドにおける「ひとつの」ネイションを、伝統的ユニオニストは北アイルランド（あるいはイギリスの一部としての北アイルランド）における「ひとつの」ネイションを主張しているのである。こうした主張は、研究の枠組みとしてはさまざまな限界を含んではいるものの、北アイルランド紛争において中心的役割を果たしてきた両派の武装組織の「北アイルランド問題」認識に通じるものであり、また、北アイルランドの人びとの日常においても、まだ根強く浸透している認識であるといえるだろう。このイギリス対アイルランドという二項対立的な枠組みは、従来の「アイルランド問題」の延長線上にあり、この意味で「北アイルランド問題」は「アイルランド問題」をいまなお引き継いでいる。

一方、ホワイトが研究の方向性として高く評価した内紛解釈は、「伝統的」解釈の限界をふまえ、北アイルランド問題を北アイルランド内部におけるプロテスタントとカトリックの対立の問題として位置づけた。ここでは、紛争という日常化した暴力を前にして、そのような現実にいかに対処しうるかという問題関心から、「北アイルランド人（Northern Irish）」という新たなナショナル・アイデンティティの創造が提唱されている。[37]事実、一九七〇年代に高まりをみせたピース・ピープルなどの平和運動において、「北アイルランド人」という用語は広く一般に広まり、ナショナル・アイデンティティ調査でも少しずつ数字を伸ばしている。

しかし、〈二つのコミュニティ〉の対立を乗り超えようとする新たなアイデンティティの模索は、けっして順風満帆とはいえない。この用語のもつ多義性が、カトリックにとっては、それが地理的にアイルランドの北部をさすために、分断の承認やアイルランド統一への譲歩にならないものとして、プロテスタントにとっては、連合王国の正式名称が明確に示している地域であるために、ブリティッシュネスを傷つけないものとして、都合よく解釈されるからである。[38] 北アイルランドにおけるナショナル・アイデンティティをめぐる困難さは、どのような新しい試みにおいても、「伝統的」解釈という分断をめぐる政治が、つねにそこにつきまとうことにあるのだ。

「アイルランド問題」と「北アイルランド問題」——その連続性と非連続性

では、こうしたナショナル・アイデンティティをめぐる解釈の限界から、北アイルランドという〈場〉についてどのようなことがいえるのだろうか。ここで、第二節の冒頭で述べた「アイルランド問題」と「北アイルランド問題」のずれについてふたたび考えてみよう。両者が異なる様相を含んだものであるならば、そこに注目することでみえてくるものとは何だろうか。

「アイルランド問題」と「北アイルランド問題」は、問題のそもそものはじまりが、イングランド／ブリテンのアイルランド支配に根ざしているということ、つまり、「アイルランド問題」も「北アイルランド問題」も「イギリス問題」なのであり、イングランド／ブリテンとの関係性において問題をとらえる必要がある点で、連続性をそなえているといえる。

しかし一方で、「アイルランド問題」は、イギリス対アイルランドという二項対立的な枠組みにおいて、問題の解決策として「自治」「独立」を志向し、それを「実現」させたナショナルな問題であった。それに対し、「北アイルランド問題」は、伝統的ナショナリストと伝統的ユニオニストによる解釈の限界をみてもわかるように、「自治」「独立」といったナショナル・アイデンティティの確立が「解決」とならない状況に、まさに直面しつづけてきたのである。

いいかえるなら、「アイルランド問題」と「北アイルランド問題」の非連続性は、「イギリス対アイルランド」から「北アイルランド内部のカトリック対プロテスタント」という対立軸の移行に見いだせるのではなく、むしろ、「アイルランド問題」がすでに含んでいた「アイルランドにおけるネイションとは誰か?」という問題、また「そもそもネイションとは、ナショナリズムとは何か」というもっとも厄介な問いが、「北アイルランド問題」に凝縮されている点にあるのだ。これこそ、「アイルランド問題」が「北アイルランド問題」というかたちで切り離し、また、現在のアイルランド共和国が置き去りにしてきた問題であるといえるだろう。それゆえ、アイルランドが「ポスト・ナショナリズム」を掲げるとき、それが意味するものは、北アイルランド問題にとっての「ポスト」とは必然的に異なってくるはずである。

こうしてみるなら、北アイルランドは、世界各地で展開されるエスニック紛争のひとつの〈場〉であると同時に、そもそも何をもってナショナル・アイデンティティが「確立」されたことになるのか、またどのようにそれが問題の「解決」となりうるのかについて、根源的な問いを投げかける〈場〉でもある。

「北アイルランド問題」にとって三〇年におよんだ紛争状況は、ナショナル・アイデンティティをめぐる葛藤を人びとの日常と隣り合わせのものにしてきた。時期や地域による違いはあるものの、ごく普通の日常生活が、過激派による無作為の爆破事件や武装組織どうしの激しい応酬、あるいは警察やイギリス軍との衝突などと一瞬にして入れ替わるのである。一見「平和」にみえる日常のそこかしこにひそんだステレオタイプ、差別、対立意識が、何らかの政治的な出来事をきっかけに噴出する。そこでは、確固たるナショナル・アイデンティティの主張が対立をつくりだし紛争を長期化させる要因となる一方で、そのような状況において自らを保証する確固としたアイデンティティが切実に求められる。

問題と主体との関係が緊張をともなって問われるこうした〈場〉においては、アイデンティティをめぐるさまざまな政治的言説の有効性がつねに挑戦にさらされているといえるだろう。「アイルランド問題」との連続性を簡単に忘却することなく、しかし、その非連続性における問題をいかに現実の状況と関わらせながら乗り超えてゆけるかが、北アイルランドにとっての困難な、しかし避けて通ることのできない課題である。

第2章　分断された人びと

一九六〇年代末に登場するカトリック住民を中心とした公民権運動は、ユニオニスト支配体制下の差別的な政策に対する「異議申し立て運動」であったが、デモ行進などでのたび重なる衝突によって両派の緊張が高まるなか、北アイルランドは紛争へと突入する。紛争における暴力の主体は、両派の武装組織や地元警察、治安維持の名目で派遣されたイギリス軍など、合法／非合法にかかわらず武器を持つ人びとでありながら、死亡者・負傷者の半数以上は一般市民であった。

暴力の連鎖のなかで出口が見えないかのようだった北アイルランド紛争は、しかし、一九九〇年代に入って新しい局面を迎える。一九九四年の両派の武装組織による停戦宣言と、それにつづく一九九八年四月のイギリス・アイルランド両政府による和平合意（「聖金曜日合意」）は、北アイルランド社会に大きな期待をもたらし、一進一退を繰り返しながらも「社会の共有」への道を歩みはじめている。

たしかに、かつてのような暴力的な衝突が減少したという意味で街は平和になった。しかし、紛争が人びとの心と体にはかりしれないダメージを与え、その傷が簡単には癒えないものである限り、まだ紛争は終わっていないのだ。三〇年におよんだ紛争は人びとにどのように経験されたのか、また、紛争という暴力が北アイルランド社会に及ぼした影響とは何か。本章では、暴力の傷跡が刻み込まれた社会における、人びとの関係性に焦点をあてる。

一　北アイルランド紛争

北アイルランド紛争の特質

北アイルランド紛争とはどのようなものだったのか。その問いに答えるには、紛争の時間的・空間的・質的な特徴をみる必要があるだろう。

M－T・フェイ、M・モリシー、M・スミスらがおこなったベルファストを拠点とする「紛争がもたらした犠牲についての研究（The Cost of the Troubles Study）」は、犠牲者のデータベース作成、北アイルランド全土に分布する六五人の対象者への詳細な聞き取り調査、および三〇〇〇人を対象としたアンケート調査をつうじて、北アイルランドではじめて紛争の全体像を明らかにしようとしたものである。それによると、紛争がはじまった一九六九年から和平合意にいたる一九九八年までに三六〇〇人以上が死亡している（表2を参照）。

しかし年代別にみた場合、その分布は一様とはいえない。全体の半分にあたる死亡件数が一九七一年から一九七六年にかけての五年間に集中しており、この時期が、政治的緊張を背景にさまざまな組織が武力を行使しあった、紛争の「最盛期」であったことをうかがわせる(1)。

同様に、地理的分布にもばらつきがある。死亡件数を地方行政区ごとにみた場合、ベルファスト、ニユーリー・モーン、デリー、アーマー、ダンギャノン、クレイガヴォンが際だっており、なかでも首都ベルファストは群を抜いている。さらにいえば、そのうち西ベルファストと北ベルファストに含まれる地区が紛争の舞台の多くを占めてきたのである。(2)

このような北アイルランド紛争のもつ時間的・空間的な特徴に加えて、その質的な変遷を指摘することもできる。紛争のごく初期において、暴力とは、石や火炎瓶が飛びかうような、長時間にわたって多くの人びとを巻き込んだ路上での暴動(street violence)であった。ほどなくしてそれは、武装組織どうしや治安当局との武器を用いた闘争、つまり、せいぜい一人ないしは二人の人間による数秒しかからないものに取って代わられた。そして、そこで使用される武器は、技術革新とともにピストルからライフル、高性能マシンガン、ロシア製ロケット弾発射筒というようにその性能を高めてゆき、また、爆弾を

表2 北アイルランド紛争における死者数,1969-1998年

年	死者数(人)	全体に占める割合(%)
1969	18	0.5
1970	26	0.7
1971	186	5.2
1972	497	13.8
1973	274	7.6
1974	307	8.5
1975	265	7.4
1976	314	8.7
1977	117	3.2
1978	83	2.3
1979	124	3.4
1980	86	2.4
1981	115	3.2
1982	112	3.1
1983	88	2.4
1984	74	2.1
1985	61	1.7
1986	64	1.8
1987	103	2.9
1988	105	2.9
1989	81	2.2
1990	84	2.3
1991	101	2.8
1992	93	2.6
1993	90	2.5
1994	68	1.9
1995	9	0.2
1996	21	0.6
1997	23	0.6
1998	12	0.3
合計	3,601	100.0

出典:M.-T. Fay, M. Morrissey and M. Smyth, *Northern Ireland's Troubles: The Human Costs*, London: Pluto Press, 1999, p. 137より作成。

もちいた戦術ひとつをみても、はじめは玄関先に置き去りにされた小包爆弾が自動車爆弾、小型焼夷弾、やがては遠隔操作による起爆装置へと進化していったのである。(3) いうまでもなく、三〇年という歳月は、暴力そのもののありかたを劇的に変えたのだ。

暴力の担い手

こうして武器を手にした者たちによって、紛争は泥沼化していった。北アイルランドと聞けば多くの人がすぐさまＩＲＡを連想するように、紛争と武装組織は切っても切り離せない関係にある。アイルランド統一という政治目的を武力を用いてでも達成しようとする勢力を「リパブリカン」、連合王国の一部としての北アイルランドの地位を武力を用いてでも維持しようとする勢力を「ロイヤリスト」と呼ぶ。

「リパブリカン」の代表的存在として国際的にも知られているのが、さまざまな分派をもつアイルランド共和軍（ＩＲＡ）である。ＩＲＡの起源は、一九一六年のイースター蜂起にさいして結成されたアイルランド義勇軍にさかのぼる。アイルランドの南北分断後は一時期を除いて目立った活動はみせなかったが、公民権運動を契機としてカトリックとプロテスタントの衝突が激しさを増すなか、武力闘争至上主義をもって反発するグループがあらわれ、一九六九年に「正統派（Official）」と「暫定派（Provisional）」に分裂した。

西ベルファストに拠点をおくＩＲＡ暫定派は、カトリック・コミュニティをアルスター警察・イギリス軍やロイヤリストの攻撃から保護する存在とみなされ、一九七一年のインターンメントの導入、七二年の「血の日曜日事件」などを背景に、とりわけ労働者階級の地区で多くの支持を集めた。また、一九八一年、刑事犯ではなく政治犯としての処遇を求めた、ボビー・サンズらＩＲＡメンバーによるハンガー・ストライキと獄死は、世界的な支持と共感を呼び、資金や武器援助をもたらした。

しかし一方で、一九七〇年代前半から一九八〇年代後半にかけて北アイルランド、イギリス本土で展開した爆破活動によって数多くの一般市民が犠牲となり、ＩＲＡに対する非難が強まってゆく。

アイルランド民族解放軍（ＩＮＬＡ）は、一九七五年にＩＲＡ正統派から分裂して結成された。アイルランドに対するイギリスの軍事・政治・経済におけるすべての介入を取り除くことを目的としており、ＩＲＡ暫定派よりもさらに過激な路線をとる。また、和平プロセスに反発して一九九七年にＩＲＡ暫定派から分裂した「真のＩＲＡ（ＲＩＲＡ）」は、一九九八年、オマーでの爆破事件で過去最大の犠牲者をだしている。

「ロイヤリスト」は数多くの派閥を抱えているが、代表的存在として、アルスター義勇軍（ＵＶＦ）とアルスター防衛協会（ＵＤＡ）がある。

ＵＶＦは、テレンス・オニール首相の宥和政策と公民権運動の高まりに反発するかたちで、一九六六年にＩＲＡ撲滅を目的として結成された。組織の名前は、一九一二年にアイルランド独立に反対したアルスター・プロテスタントによる大規模な運動に由来する。カトリックを標的とする殺人を数多くおこない、一九七五年に非合法化された。

ＵＤＡは、紛争初期の一九七一年に、各地のプロテスタント自警団をまとめるかたちで結成されたロイヤリストの最大組織である。労働者階級からの支持が厚く、コミュニティを守る役割を負っていた点において、ＩＲＡと対をなす存在であるといえる。ＵＶＦとも深いつながりをもつ一方で、一九七〇年

写真3　イギリス軍のプラスチック弾使用に抗議する西ベルファスト・フォールズ地区の壁画。兵士と大人・子どもを含む犠牲者との距離は，「治安当局」による暴力を生々しく物語っている（筆者撮影）

代半ばにはその武装組織であるアルスター自由戦士団（UFF）が結成されるが、一九九二年に非合法化された。

そして、これら武装組織と同様に重要なのが、アルスター警察やイギリス軍の存在である。「治安当局（security forces）」と呼ばれるこれらの組織そのものが、むしろ北アイルランド紛争の主要なアクターであった（写真3を参照）。

アルスター警察（RUC）は、一九二二年に創設された北アイルランド正規の警察である[4]。当初から職員の大半がプロテスタント系で、紛争が開始された一九六九年の時点では九割近くを占めており、とくにカトリック／ナショナリストのコミュニティからは敵対視されてきた。一九六〇年代末の公民権運動登場のさいには、デモ行進を暴力的に取り締まり、紛争へと導く大きなきっかけをつくった。連合王国のほかの地域の正規警察と比較して特筆すべきなのは、その構成員が軽機関銃とライフルの軍事訓練を受けた武装警官だという点である。

　イギリス軍は、一九六九年、デリーとベルファストでのカトリック住民と警察との衝突を契機に、治安維持の目的で派遣された。紛争がもっとも激しかった一九七二年には、約二万一〇〇〇人が北アイルランドに駐留していたとされる。当初はカトリック・コミュニティから歓迎されたが、すぐに敵対的な関係となり、ＩＲＡの正式な攻撃対象となった。そのＩＲＡと対峙するためにめざましい発達をとげたのが諜報機関である。

　これら治安当局によるおとり捜査や監視などの諜報活動には、密告者や二重スパイの存在のみならず、イギリス情報局保安部（ＭＩ５）やイギリス情報局秘密保安部（ＭＩ６）、イギリス陸軍特殊空挺部隊（ＳＡＳ）など、他の機関も関与してきた。なかでも、近年その真相究明が厳しく問われてきた、リパブリカン殺害を目的としたアルスター警察特捜部やイギリス軍と、ロイヤリスト武装組織との「共謀（collusion）」は、しばしば「汚い戦争」と呼ばれる北アイルランドにおける暴力の複雑な諸相を浮かび上がらせている。

　人びとにとって、はじめそれはいくつかの「トラブル」だった。しかし、ひとつの争いはまた別の争いを生み出してゆく。そして誰もが、その後三〇年以上にわたって「紛争（the Troubles）」と向き合うことになろうとは、想像していなかったのである。

二　暴力はどのように経験されたのか

直接的な経験

「紛争というものが我が家にやってきたのは、弟が殺されたその日でした」。一九七五年に弟を失ったあるカトリックの女性は、そのときの様子をつぎのように述べている。

勤務中、一人の女性がやってきて、すぐ家に戻るようにと言ったんです。私は、「どうして？」とたずねたのを覚えています。すると彼女は、「お母さんを慰めてあげてほしいの」と答えました。何が起きたのか教えてくれるまで行かないというと、彼女は言いました。「さっきの爆発音を聞いた？」「何の爆発音？」「いいえ、何でもないわ。とにかくコートを着て！」このときもまだ私は、爆発事件があって、それに弟が巻き込まれたのだとは思っていませんでした。（中略）母は、長椅子の上で壁にすがりつきながら、息子の名を泣き叫んでいました。まわりの者が母に鎮静剤を飲ませました。あれは本当に、もっとも残酷な時間のひとつでした。(5)

残された家族がみな深い悲しみに包まれていたなか、長女であったこの女性は、母親を支えるために気丈でいなければならなかった。自分には泣いたりすることは許されていないように感じた、と彼女は言う。彼女の父親は、また別の苦しみに苛まれていた。息子の遺体の確認をしなければならなかった父親は、そのときのショックから立ちなおるのに長い長い時間を必要とした。

弟の遺体の損傷は、ものすごくひどかったというわけではありませんでした。両足と片方の腕と頭の半分を失っていましたが、ほかの人たちは、それこそ本当にばらばらだったのです。ものすごく残酷だと感じました。なぜなら、遺体を確認しにゆくと、警官だかなんだかの人が、黒い袋を机の上にどさりと置いて、「息子さんを確認してください」と言うんです。父はそれが弟だとわかりました。ほかの二人に比べて損傷がひどくなかったから。これ以上残酷なことがあるでしょうか。(6)

この女性は、その数年後にロイヤリストと思われる組織のメンバーによって全身に八カ所の銃撃を受けたが、奇跡的に生き長らえた。さらに、一九八三年には、何者かの襲撃で夫が殺害された。彼女はこう語る――「紛争は、私の人生そのものなのです」。

暴力は、人間の一生を一変させる。紛争によって家族を失ったり負傷した人びとの多くが、その死を受け入れられず、あるいは肉体的・精神的に深い傷を負い、いまなお苦しみつづけている。眠れない夜がつづき、睡眠薬や精神安定剤なしでは生活がたちゆかない。やっと眠ることができても、恐ろしい悪夢にうなされる。とくに紛争初期においては、このような経験からくる症状を適切にケアする場がなく、遺族は自分たちだけでどうにか家族の死と向き合わなければならなかった。

あるプロテスタントの男性は、車を停めて知人と立ち話をしながら学校帰りの子どもたちを待っているあいだ、近づいてきた車から飛び降りたＩＲＡのメンバーにライフルで撃たれ、死亡した。その数分後、スクールバスを降りた子どもたちは、道路に倒れている父親と、弾がそれて助かったものの、車内で錯乱状態になった母親を目の当たりにする。この男性の義弟はつぎのように語っている。

あの子たちがどんな気持ちだったか考えてもみてください。バスを降りて角を曲がったら、父親が死んで倒れていたのです。それから先の彼らの人生は、まるで悪夢のようになってしまったのです。あのときの光景は生涯頭から離れないに違いありません。姪は非常に成績がよく、大学に進学するはずでした。学校には戻りましたが、すべてに興味を失ってしまい、それ以上勉強をつづけられなくなったのです。甥も同じでした。精神科とかそうしたところでは診てもらわず、ただ、母親が彼らにできる限りのことをしていましたが、それ以降、父親が殺されたことについてはけっして口にしませんでした(7)。

統計によれば、紛争における死亡者の九割は男性であり、遺族の多くは夫の、父の、息子の突然の死によってさまざまなダメージを受ける(8)。たとえば、父親を失った子どもたちは結果として精神的・経済的に学業に支障をきたすケースが多く、学校や教師の側にもそうした子どもたちを支援する体制が整っていなかったことが指摘されている。

暴力は、単純な敵－味方の構図のうえに成り立っているわけではない。紛争が泥沼化するにつれて、誰が何の目的で暴力を行使するのかはますます錯綜してゆき、その犠牲者は何重にも引き裂かれることになる。あるカトリックの女性は、リパブリカンどうしの抗争で義理の弟を失った。彼の妻、つまりこの女性の妹は、夫の死に耐えきれず、病気を患って四年後に亡くなった。

義弟が殺されたのは、本当にむごたらしいことでした。だって、殺したのは彼の仲間だったのですから。彼がよく知っていた人たちが家のなかに入ってきて、義弟を撃ったのです。妹はそのときそこにいました。彼女がドアを開けて、彼らが入ってきて、居間にいた夫を殺したのです。妹はもうすぐ二人めの子どもが生まれる予定で、上の子はまだ一歳半でした。(中略)妹はその後も同じ地区に住んでいました。彼女は、夫を殺した犯人を知っていたけれど、それが誰であるか言えなかった。なぜなら、私の兄弟も父もそのあたりに住んでいたので、もし言えば、みんなそこから出て行かなければならなかったからです。だから妹は、夫を殺したのが誰かまったく何も言えなかった。彼女は夫を殺した人間を毎日その目で見、彼らは口封じをするために妹を脅迫していたのです。(9)

やがてこの女性は、こんどは自分の夫を「仲間うち」に殺されることになる。夫は、彼女がまったく知らないところでIRAの活動に関わっていただけでなく、IRAと警察の活動をそれぞれに密告していた「二重スパイ」だったというのだ。密告が卑劣きわまりない行為とみなされるカトリック社会において、彼女は周囲の人びとから非難を浴びせられる。

友人だと思っていた人たちがこんなことを言うのです。「彼女はずいぶんとたくさんのお金を手にしていたに違いないわ。夫がスパイ活動をしていたのを知ってたはずよ」と。でも私は知らなかった。もしそんなお金が家にあったら、毎日三時間、学校を清掃する仕事なんてするはずがないでしょう。（中略）新聞には、夫と関わりあっていた警官は停職処分になり、北アイルランドを後にしたとありました。警察は、まだ北アイルランドに親類が暮らしているからと、その警官の名前をけっして明かしませんでした。でも私にだって、ここ北アイルランドに親類がいるんです。これから育ててゆかなければならない四人の子どももいました。なのに、新聞は夫の名前を書き立てたのです。（中略）葬儀のあとみんながいなくなってから、夜ひとりでいろいろなことを考えてしまうときの気持ちは本当に恐ろしいものでした。本当に小さなこと、たとえば浴室で石けんを使うとき。夫は三日前にはこの石けんで手を洗ったのに。その石けんはまだここにあるのに、彼はもういない。そんな小さなことがものすごくショックでした。小さなことひとつひとつが耐えがたいことなのです[10]。

暴力の直接の経験者に共通しているのは、彼らの失ったものは、けっして取り戻せないということである。誰もその傷を修復できず、何もそれを埋め合わせることはできないのだ。そして、行き場のない思いを抱えて日々生きてゆかざるをえないこれらの人びとは、いっときメディアの注目にさらされることはあっても、すぐさま忘れ去られてきた。「誰も私たちにかまってくれる人はいなかった」という遺族たちの言葉は、彼らが、紛争の最大の被害者でありながら、社会に置き去りにされた人びとであることを示している。

間接的な経験

他方で、直接紛争に巻き込まれたことがない人びとにとっても、暴力は、さまざまなかたちで生活に入り込んでくる。

北アイルランド紛争が子どもたちに与えた影響について論じたエド・ケアンズは、紛争がもっとも激しかった一九七〇年代においては、幼い子どもでさえ、大きな店に入るときの荷物検査やボディチェックに慣れっこであったと述べている。これは、閉店後に爆発するようにセットされたミニチュアの焼夷弾が、子どもの持ち物に紛れて持ち込まれていないかを調べるためだった。また、子どもたちのつぎのような「役目」も紹介されている。さまざまな規模の爆弾騒ぎが頻発していたこの時期は、自動車爆弾による爆破事件を防ぐために、街の中心部で自家用車を駐車することが禁じられていた。したがって買い物にやってきた人びとは、別に設けられた「コントロール・ゾーン」と呼ばれる場所に駐車するのだが、無人の駐車は認められていないため、子どもたちは親が買い物から戻ってくるのを車内で待つのだった。彼らは、少なくともこの車には爆弾は仕掛けられていないということを示す、「生きた証拠」なのであった。(11)

一九八〇年代に入っていわゆる爆弾騒ぎが比較的少なくなり、一九九四年の停戦以降、ものものしい装備の警察や軍隊が街中から姿を消した現在では、こうした紛争経験はすっかり過去のものとなっている。しかし、より空間的・時間的に限定されたかたちでなおも継続している紛争は、人びとの日常にストレスを与えている。たとえば、紛争関連の話題で埋め尽くされた地元のニュースを見なかったり、紛争についての新聞記事を読まないようにすることで、そうしたストレスを避けようとする場合がある。

また、たびたび暴力的な衝突を招いてきたプロテスタントによる毎年恒例の七月のパレードの時期には、ベルファスト中の店が一週間ほど休みになり、トラブルを嫌う多くの人が休暇に出かけてしまう。紛争を抱えた社会に暮らすことが当たり前になってしまったなかで、これらの人びとは、暴力を嫌悪し意識的に回避するということを通じて、暴力を経験しているともいえる。

三　〈二つのコミュニティ〉

〈二つのコミュニティ〉の背景――居住区・学校・職場・結婚

北アイルランド紛争において、実際に暴力を行使しているのは一部の人びとにすぎない。しかし、長期にわたって日常化した暴力は、カトリックとプロテスタント、ナショナリストとユニオニストという二項対立的な見方を増長させ、もともと両者のあいだに横たわっていた分断をよりいっそう推しすすめることになった。

北アイルランドにおける〈二つのコミュニティ〉の分断状況をもっとも目に見えるかたちであらわしているのは、とくに都市部において顕著な居住区の分離である。電柱や家々に掲げられたユニオン・ジャックやアイルランド三色旗、それらのシンボルカラーで塗り分けられた敷石、通りを彩る武装組織のスローガンや紛争で命を落としたメンバーへの追悼、歴史的なシンボルを描いた壁画などは、この場所が誰のものであるのかをわかりやすく示している。また、かりにそのようなシンボルがなかったとして

写真4　インターフェイスのひとつである「ピース・ライン」（筆者撮影）

も、この地区は、この通りは、果たして自分が足を踏み入れても問題のないところなのかという「場所感覚」を身につけることは、北アイルランド社会に生きるうえで避けて通れないものである。

北アイルランドにおける居住区の分離は、ベルファストでは急激な産業化を背景とした一九世紀からすでにみられていたが、紛争開始後に政治的な緊張が高まり、両派の衝突が増えるにつれ、かつてないほどに高まった[12]。これにともない、プロテスタント／ユニオニストの多住地区と、カトリック／ナショナリストの多住地区とが接しあう場所――インターフェイス――が数多く出現する。

この、〈二つのコミュニティ〉を分ける共通の境界線／境界領域は、具体的にはつぎのようなかたちをとる。第一は、あるコミュニティが、もう一方のコミュニティにぐるりと取り囲まれている「飛び地（enclave）」、第二は、壁やその他、何らかの物理的な障壁、あるいは目印によってはっきりと分けられている「分割地（split）」、第三は、混住地区が二つのコミュニティを分けている「緩衝地帯（buffer zone）」である[13]。これらのインターフェイスのうち、よく知られているのは、紛争当初に住民どうしの衝突を防ぐという目的で建設され、その後も増加していった「ピース・ライン」と称される壁である（写真4を参照）。そして、もう一方のコミュニティとつねに緊張関係にあるこれらの場所が、停戦後も引きつづき暴力の舞台となっているのである。

居住区と並んで〈二つのコミュニティ〉の形成・維持に大きな役割を果たしているのが、教育における分離である。国の管轄下にある「公立校」は、特定の宗派によらない教育をおこなうこととされているものの、生徒、教師の多くがプロテスタントである。それに対し、カトリックの圧倒的多数は、ローマ・カトリック教会が運営に関わり、教師の多くもカトリックである「私立校」に通う[14]。この背景には、それぞれの学校を特徴づけるカリキュラムの違いが大きく関係している。

「公立校」で学ぶのは、イギリスの歴史や地理、文学であり、ラグビーやクリケットなどのイギリスのスポーツであり、校内にはイギリス的なシンボルが飾られ、イギリスの国家的行事のさいにはユニオン・ジャックが掲げられる。したがって、このような学校生活を通じて培われるのは、イギリス人／プロテスタント／ユニオニストという意識である。

一方、カトリックが多数を占める「私立校」で学ぶのは、（イギリスの植民地支配に対する抵抗と独立の軌跡である）アイルランドの歴史や地理、文学であり、ゲーリック・フットボールやハーリングなどのアイルランドのスポーツである。さらに、カリキュラム全体にわたってより宗教色が強く、とくに初等教育においては、最初の聖体拝領など宗教儀式への準備を指導することが重視されている。したがって、このような環境を通じて培われるのは、アイルランド人／カトリック／ナショナリストという意識である。

こうして日常的な接触の機会がめったになく、異なる価値観やナショナル・アイデンティティが形成されてゆくことで、紛争の背景となる「分断社会」は維持されてきたのである。

教育の現場からこのような分離を乗り超えようとする試みは、さまざまにおこなわれてきた。たとえば、一九九三年以降、すべての学校で必須となった「相互理解教育（ＥＭＵ）」と「文化遺産」カリキュラムは、互いの伝統や歴史、文化を学ぶことを目的としたプログラムであり、それらを通じた学校間の交流活動は、一九九九年までに初等学校の三分の一、中等学校の半数以上で実施されている[15]。また、一九八〇年代以降は、どちらの宗派にも偏らない統合学校が登場し、その数は徐々に増えている。しかし、このようなカリキュラムの効果的な実施方法や、指導にあたる教育者の養成、また、統合学校にかかるコストや絶対数の少なさなど、依然として多くの課題がある。

このような分離傾向は職場でもみられるが、それを支えてきたのは、長らくつづいてきた「分業構造」である。カトリックとプロテスタントの就労分布は産業別・職業別に異なるだけでなく、同一の産業・職業内においても、後者がより上位の地位を占めてきた。その背景には、コミュニティと密接に結びついた就労構造に加えて、ユニオニスト支配体制のもとで公然とおこなわれてきたプロテスタントによるカトリックへの制度上・慣行上の雇用差別が大きく横たわっている。一九七六年には、宗派や政治的立場にもとづいた雇用差別を防ぐ目的で雇用機会均等法が施行されたが、企業、公共部門ともに反応は鈍く、職場分離の傾向は依然としてつづいた。これをふまえて、一九八九年の雇用機会均等法は、企業へのモニタリング[16]を制度化し、徐々にではあるが状況は改善されつつある[17]。

職場は、ほかの社会的領域と比較すれば、異なる背景をもつ者どうしが顔を会わせる機会の多い場であるといえる。継続する紛争を背景とした嫌がらせや脅迫はしばしば問題となってきたが、近年においてはそのような職場における緊張や暴力は、確実に少なくなってきた[18]。しかし、多くの企業が掲げる「宗派にもとづかない（non-sectarian）」という主義は、中立の立場をとるかのようにみえて、じつは、宗派や政治などの不愉快な話題は職場でもちだすべきではない、ということを意味している[19]。したがって、職場における両派の融合がすすんだとしても、それが、すぐさまコミュニティの分断状況を乗り超えるものとなるのではなく、むしろ黙認する方向に働いているということをみなければならない。

居住区、学校、職場での分離傾向は、異なる背景をもつ者どうしが出会う場を制限し、当然の結果として北アイルランドでは、プロテスタントどうし、カトリックどうしの婚姻が圧倒的多数を占めている。他方で、異宗派間のカップルは、乗り超えなければならないいくつもの課題に直面することになる[20]。

婚姻にあたっては、個人の信仰心や教会との関わりが深ければ深いほど、宗教上の問題がより直接的に関わってくるが、とくにそれが問題になるのがローマ・カトリック教会においてである。カトリック信者がその他の宗派の者と結婚する場合、所定の手続きをふまなければ、その結婚は（法律上は有効でも）教会によって認められたことにはならない。また、子どもが生まれた場合は、カトリックとして育てなければならないとされ、洗礼などの宗教的儀式をめぐって、カップルはそのつど難しい選択を迫られることになる。さらに、どこに居住の地を定めるか、子どもをどの学校に通わせるかといったことも、大きな問題である。こうしたことから、異宗派間の婚姻に対する家族や周囲の反対は、けっして少なくない[21]。

しかし、もっとも悲劇的なのは、場合によってはこのような異宗派間のカップルが、もう一方のコミュニティへの敵対心で満ちた人びとからの脅迫や、武装組織などの「制裁」の標的になりうるということである。これは、個人の幸福の追求が、紛争社会においてはつねに政治化されてしまうことをあらわしている。

〈二つのコミュニティ〉の再生産

このようにみてみると、北アイルランドにおける大部分の人びとは、人生のそれぞれのステージを自分たちのコミュニティの内側で経験する一方、親密で継続的な関係をもう一方のコミュニティに属する人びとと形成しえないことがわかる。あるいはそのような接触が起きるのは、わずかな混住地区に暮らし、共通の職場、教育機関などによりアクセスしやすいミドルクラスにおいてであるが、そこでは、両者の関係に緊張をもたらすようなお互いの違いについての確認や議論は、注意深く回避されるのだ[22]。

紛争社会に暮らす人びと自身が強く主張するのは、この紛争が、しばしば誤解されるように宗教を理由としたものではないということである。北アイルランドにおいてカトリック、あるいはプロテスタントであるということは、それぞれ単に宗教上の信仰をあらわすのではなく、ほかのさまざまな項目と歴史的・政治的に結びつけられているということをあらわす。居住地、出身学校、読む新聞、好きなスポーツ、言葉のアクセント、名前など、「どちらの人間であるかを見分ける」ためのさまざまな手がかりが存在し、それらを通して、たえず境界が確認される。このように日々再生産されるコミュニティの分断は、紛争の原因であると同時にその結果でもある。したがって、もしも新しい社会の形成へ向けて一歩を踏み出すのならば、暴力そのものへの関わり方はさまざまであっても、暴力がもたらした目に見える／目に見えない境界を乗り超えることは、北アイルランドに暮らすすべての人びとにとっての共通の課題なのである。

分断を歩く

クイーンズ大学そばのボタニック・アヴェニューは、数週間のベルファスト滞在にはうってつけの場所である。いつも若者でにぎわうラウンジ・カフェや、新聞でも紹介された評判のチャイニーズ・レストラン、小さいがモダンなホテル、たいていのものは揃うコンビニ、レンタルビデオ店に古本屋、コインランドリーに自然食品の店。それに、気がつかないで通り過ぎてしまうけれど、鉄道の駅まである。夜になれば酔っぱらいが騒ぎを起こすことはあっても、紛争の影など微塵も感じさせない。

そのボタニック・アヴェニューをシティ・センターに向かって歩いてゆくと、数分もせずにシャフツベリー・スクエアにぶつかる（写真5を参照）。いくつもの通りがここで交わっていて、そのうちのひとつはプロテスタント地区として知られるドニゴール・ロードだ。ついこのあいだ、ここでボビー・サンズのTシャツを着た観光客が襲われたという。東欧からの移民が家を追われた、というニュースもあった。すぐそこには、同じく「ハードライン（強硬派）」のプロテスタント地区であるサンディ・ロウの入り口が見える。敷石はもちろん、工事現場を取り囲む壁すらも赤・青・白で塗り分けられ、UDA

写真５　シャフツベリー・スクエア。左前方がドニゴール・ロード，右手前の建物が「イクオリティ・ハウス（Equality House）」（筆者撮影）

写真６　サンディ・ロウの入り口近くの光景（筆者撮影）

やUFFの紋章がでかでかと描かれている（写真6を参照）。北アイルランド紛争は、コミュニティ・レヴェルでのテリトリーをめぐる対立であるともいわれる。大小のユニオン・ジャックがはためく、さきほどまでとはうってかわった光景は、瞬間的に別の場所へ連れてこられたような錯覚さえする。

今日の目的地は、リパブリカンの拠点、フォールス・ロードだ。ちょうど毎年夏に恒例のウェスト・ベルファスト・フェスティヴァル（*Féile an Phobail*）が開催中である。少し遠いが歩けない距離ではない。ベルファスト・シティ・ホスピタルを横目で見ながら、ドニゴール・ロードをひたすら進む。さすがにいつまでもユニオン・ジャックはないが、ときおりUVFなどの文字が壁にあらわれる（写真7を参照）。あまり人けはないものの、それでいてよそ者を拒む空気に満ちている。そのうちに幹線道路につきあたり、なんとか大型車両をよけながらも道を横断して、また小さな通りに入った。

そこがもうリパブリカンの地区であると気づいたのは、薄汚れた煉瓦塀に「パレスチナを解放せよ、イスラエル製品をボイコットせよ」のスローガンを見つけたときだった。「イギリスは出て行け」の文字もある。やがて真っ赤に塗られたパブの入り口にIRAの文字飾りが見えた。もうフォールス・ロードにつきあたるにちがいない。

ウェスト・ベルファスト・フェスティヴァルは、IRAの活動が活発化し、メディアで大々的にとりあげられるようになったカトリック地区のフォールス・ロードにおいて、「紛争の主な舞台」というネガティヴなイメージを払拭し、八月の政治的緊張を緩和する目的で、一九八八年よりはじまった。関係団体、来場者、収益のうえでかなりの規模を誇り、プログラムも演劇、音楽、ダンス、各種展示、パレード、クイズ、スポーツ対戦などに加え、ディベートやシンポジウム、ワークショップ、バスツアーな

写真7　ドニゴール・ロード沿いの住宅の壁に描かれたUVF（アルスター義勇軍）の文字（筆者撮影）

写真8　フォールス・ロードでのウェスト・ベルファスト・フェスティヴァルのイヴェントの様子（筆者撮影）

ど多岐にわたっている（写真8を参照）。インターフェイスをまわるバスツアーに参加してみることにした。

集合場所であるシン・フェイン党オフィスの前に行くと、世界各地からやってきた参加者であふれている。バスガイドは、一九九八年の和平合意のさいに恩赦で早期釈放された元服役囚の男性である。いくつもの壁画（写真9を参照）や、紛争で命をおとしたIRAメンバーを奉ったメモリアル・ガーデン、教会などを順に見てゆく。やがて私たちはボンベイ・ストリートにたどりついた。一九六九年八月にデリーで起きた衝突は、ベルファストにも飛び火し、このあたり一帯がプロテスタントの暴徒によって焼き打ちにされたのである。すぐそこには、鋼鉄の壁とフェンスでできた「ピース・ウォール」がそびえ立っている。その圧倒的な存在感は、フェンスの向こう側に暮らす人びとへの想像力を一切奪うかのようである。ガイドの男性は、ここは紛争を理解するには最適の場所だと言った――「紛争はまだ終わっていない。まだつづいているんだ」。

それから一週間のあいだ、フェスティヴァルのさまざまなプログラムに参加するためにフォールス・ロードを訪れた。そのうち顔なじみができ、道を歩いていると車から身を乗り出して挨拶をされることもあった。フェスティヴァルが終わったあとも、何度か訪れるたびに、いたるところで知り合いやその また知り合いに遭遇するのだ。紛争がこれほどまでに長期間つづいたのは、北アイルランドがあまりにも小さく、またコミュニティに緊密なネットワークがはりめぐらされていたからだという。紛争のさなか、敵対する「向こう側」の人間と対話を試みようとすれば、それはどちらか、あるいは両方のコミュニティにおいて自分の身を危険にさらすことだった。そのことは、たとえ物理的な障壁がなくても、強

写真９　フォールス・ロード沿いにあるハンストで獄死したボビー・サンズの壁画（筆者撮影）

写真10　買い物客でにぎわうシティ・センター。正面に見えるのがシティ・ホール（筆者撮影）

固な心理的障壁を人びとのあいだに築き上げたのだ(23)。

フォールス・ロードのすぐ隣には、その鏡の存在であるシャンキル・ロードがのびている。二つの通りはいくつものゲートでしきられ、日中は車が通行できるようになっている。ほかに誰もいないその道を、向こう側まで歩いてみる。どちらからどちらへ行っても、言葉にならない緊張に包まれるのは、その場所が抱える圧倒的な歴史の重みのせいかもしれない。

そうしてまた、買い物客でにぎわうシティ・センター（写真10を参照）に向かい、仕事帰りの人びとを眺めながらシャフツベリー・スクエアに戻ってゆく。ここは本当に不思議な場所だ。左手には「イクオリティ・ハウス（Equality House）」の文字を掲げた建物がある。一九九八年の和平合意を受けて設立された平等委員会(24)の本部である。その向かいには、エスニック・マイノリティのための北アイルランド協議会（ＮＩＣＥＭ(25)）のオフィスがある。そして、すぐ先には悲しいまでに鮮やかなユニオン・ジャックがはためいている。これが、ベルファストの街の、ひとつの姿なのだ。

第3章　「われわれは包囲されている」

一九九八年四月の「聖金曜日合意」(1)は、北アイルランドの和平プロセスにおいて画期的な成果と高く評価され、内外から注目を集めた。この合意のもつ重要性は、これまでこうした和平案に強固に反対を示してきた政党も含めて、北アイルランド主要政党の合意をとりつけることができた点にある。その背景には、イギリスのトニー・ブレア首相の手腕、ジョージ・ミッチェル元上院議員をはじめとするアメリカの協力、北アイルランドにおける平和を求める世論の高まり、そして、ともにユニオニスト、ナショナリストの穏健派であるアルスター・ユニオニスト党(UUP)のデイヴィッド・トリンブル党首、社会民主労働党(SDLP)のジョン・ヒューム党首の努力などがあった。五月におこなわれた和平合意への賛否を問う南北アイルランドでの住民投票は、北アイルランドでは賛成七一パーセント、反対二九パーセント(投票率は八一パーセント)という結果をみせた。

しかし、この数字をどうみるかは、合意に対するナショナリストとユニオニストの反応の違いを考えると難しいといわざるをえない。アイルランド国営放送がおこなった出口調査によれば、カトリックの九割以上が賛成を示したのに対し、プロテスタントにおいては、賛成票と反対票が真っ二つに割れたのである。(2)また、二〇〇〇年九月末におこなわれた地方選挙では、和平案に強固に反対する民主ユニオニスト党（ＤＵＰ）の議員が支持を集め、和平合意に対するユニオニスト側の反発があらためて示された。

北アイルランドの和平プロセスにおいて鍵を握るこうしたユニオニストの反応は、彼らの葛藤に満ちたナショナル・アイデンティティのありようを反映している。本章では、北アイルランド紛争においてユニオニズムがどのようなものとしてとらえられてきたかを明らかにしたうえで、和平プロセス進展の鍵を握るともいえるユニオニストの反応を理解するために、そのナショナル・アイデンティティのありかたに焦点をあてる。このことは同時に、北アイルランドにとっての「和解」とその困難さを考えることでもあるだろう。

一　ユニオニズムへのまなざし

起　源

ユニオニズムとは、イギリスの連合王国の枠組みを主張するものであるが、北アイルランドのユニオニストにとってはブリテンとの連合維持を意味し、その担い手は主としてプロテスタントである。北アイルランドをめぐる政治的主張と宗派とは、どのような過程を経て結びついたのだろうか。

すでに述べたように、アイルランドは一二世紀以来イングランドの支配下にあったが、一五四一年にヘンリ八世がアイルランド国王の称号をあわせもつことになってから、イギリス絶対王政による植民地支配が本格化した。なかでも、ユニオニズムおよび北アイルランド問題を考えるにあたって重要なのは、一七世紀のアルスター植民である。

一七世紀に入ると、イングランドは、北部のアルスター地方を中心としたアイルランドへの大規模な植民政策を実施し、これによって、プロテスタントであるイングランド人とスコットランド人が、「イギリス化」に最後まで抵抗していたアルスター地方に大量に入植した。アルスター植民は、支配者プロテスタントと被支配者カトリックという構図をつくりあげた。イングランドからのアイルランドへの入植はそれ以前にもおこなわれていたが、それらの「オールド・イングリッシュ」がしだいにアイルランド化していったのに比べ、一六世紀にローマ・カトリックから分離し、国教会を創設してプロテスタント化したイングランドと、同時期にローマ・カトリック信仰を確立させたアイルランドとは、宗教上も対立し、入植者とネイティヴのあいだには宗派と結びついた支配‐被支配関係が形成されたのである。また、その後一七世紀末から一八世紀にかけては、スコットランドから多数の農民が流入したこともあり、アイルランド北部ではプロテスタントが多数派を占めるにいたった(3)。

あらためて確認するなら、一七世紀のイギリスにおける清教徒革命と名誉革命は、アイルランドにとっては、イギリスの植民地政策がますます強められてゆく過程であった。イングランドでは、王政復古によっていっときはカトリックが復活したかのようにみえたが、一六八八年の名誉革命により、カトリックの王であるジェイムズ二世はイングランドを追われる。かわりに、オランダから国王としてプロテスタントのオレンジ公ウィリアム(ウィリアム三世)が迎えられるが、アイルランドはこれを拒否した。一六八九年三月、ジェイムズ二世は逃亡先のフランスからアイルランドに上陸してデリーに攻め入り、プロテスタント地主たちは一〇五日のあいだ包囲され(「デリー包囲」)、八月一二日にようやくイギリス軍に救出された。翌一六九〇年、アイルランドに渡ったウィリアム三世は、七月一二日、ボイン河の戦いでジェイムズ二世を破り、アイルランドを支配下におさめた。この八月一二日と七月一二日は、プロテスタントの勝利を記念するものとして語り継がれ、現在でもこの日を祝う記念パレードが毎年おこなわれている。

その後、一八〇〇年の合同法をもってアイルランドは連合王国の一部となり、完全にイギリスの支配下におかれることとなった。プロテスタントとローマ・カトリックとのナショナルかつ宗教的な違いは、アルスター植民後の数世紀を通じても残りつづけたが、一九世紀後半の自治法案とホーム・ルール（自治）運動の登場によって、新たな分裂が生じることになる。ホーム・ルール運動とは、一九世紀後半に盛り上がりをみせたアイルランド・ナショナリズムの運動において、一八〇一年以降、連合王国に吸収されていたアイルランドに、自治政府を要求する運動であった。これに対抗して、アイルランドとブリテンの連合維持を主張するユニオニズムの運動が形成される。この、「ナショナリスト」と「ユニオニスト」という分裂は、「ナショナリスト」が主にカトリックであり、「ユニオニスト」が主にプロテスタントであるというように、政治的主張と宗派とが結びついたものであった。

両者の主張は、一九二〇年のアイルランド統治法によってアイルランドが自治を獲得し、北アイルランドが成立した後は、ナショナリズムが「北アイルランドの連合王国からの分離・アイルランド全島の完全独立」を、ユニオニズムが「北アイルランドとブリテンとの連合維持・反統一アイルランド」を意味するものへと移行していったが、この分裂は現在にいたるまで、北アイルランド問題を形成する主要な対立軸として存続している。

研究の視角

一九六〇年代末の公民権運動を発端としてはじまった北アイルランド紛争は、マスメディアの注目を浴びただけでなく、北アイルランドという地域に対する多くの学問的関心をも引き起こした。これは、ユニオニズム研究にも大きな影響を与えることになる。「ナショナリズム」と「ユニオニズム」という一九世紀末以来の北アイルランドにおける主要な対立軸は、紛争においてより明確に浮かび上がったが、「ナショナリズム」が、被支配者であるカトリックを中心とした「民族自決」の要求として当然視されたのに対して、ナショナリズムとのいかなる調停や和解にも抵抗しつつ、ときにはイギリスにも反旗をひるがえす「ユニオニズム」は理解しがたいものと映り、その解明に学問的関心が注がれることになったのである。こうして一九七〇年代になってようやく、ユニオニズムの本格的な研究が開始された。

ユニオニズム研究は、北アイルランド問題研究と同様に、その背景にある政治性を抜きにしては語れない。多くのユニオニズム研究の動機・目的は、研究者の北アイルランド問題における政治的立場と密接に結びついているからである。そこでは、自らの政治的立場を擁護するための理論的根拠の説明や、敵対する立場に対する批判・攻撃が展開されている。また、特定の立場が色濃く反映されないにしても、北アイルランド紛争の解決という現実的課題においてユニオニズム理解の重要性を強調し、ユニオニズムの構造的な分析や今後の課題、変化の可能性などを論じたものが多くみられる。以下では、いくつかの観点からこれまでの研究を整理し、ユニオニズムにおけるナショナル・アイデンティティの問題を考える手がかりとしたい。

一面的な評価

ユニオニズムの観察者にとっての大きな関心のひとつは、イギリスに対する「忠誠」と「反逆」という矛盾した態度であろう。ユニオニストはこれまで、統一アイルランドを頑なに拒否し、ブリテンとの連合維持を主張する一方で、ときとしてイギリスの政策に反抗するという行為を繰り返してきた。デイヴィッド・ミラーは『女王の反逆者』において、このようなナショナル・アイデンティティの混乱と曖昧さを強調しながら、ユニオニズムの中心的な特質はイギリスへの「条件付きの忠誠」であり、それは、一七世紀の社会契約説における政治的義務への固執を反映したものである、と論じた(4)。このようなユニオニストと王冠との関係は、第一次自治法案の時期におけるユニオニストのつぎのような主張にもっともよく言いあらわされている、とイアン・マックブライドは述べている。

アルスターの入植が実施されたとき、そこにはつぎのような暗黙の契約があった。それは、偉大なる植民地化の使命と信じられていたものにもとづいてアイリッシュ海を渡った人びとは、彼ら自身も、またその子孫も、彼らを侵入者や敵としてみなす者たちに引き渡されることはないというものである(5)

この「条件付きの忠誠」という見方は、これまでのユニオニズム研究においてもっとも影響力をもつ分析となっている。同様の議論は、トム・ネアンによっても展開されている。ネアンは『イギリスの崩壊』において、アルスター・プロテスタントは明確なナショナル・アイデンティティを形成しえなかった代わりに、原理的プロテスタンティズムと露骨な帝国主義に傾斜した、と論じた。さらに、この「遅れた、宗教に囚われた、狂信的な反動主義者」というユニオニストの性質こそが北アイルランド紛争の原因であり、これを解消するのは、政治的近代化につながる真のアルスター・ナショナリズムの形成のみであると結論づけている(6)。

他方で、ユニオニズムとプロテスタンティズムとの関わりをより強調する研究もある。スティーヴ・ブルースは、宗教(宗派)は北アイルランド紛争の要因ではないとする正統的な見方に対して、紛争における宗教的側面を重視した。プロテスタントは自らをネイションとして構成できなかったために、排他的なエスニック・グループとしてもっとも理解しやすいが、エスニック・コミュニティとしてのその不安定な位置を守るには、その一貫性においてユニオニストに政治的アイデンティティを提供する宗教的要素が不可欠であった、とする見方である(7)。ここでは、プロテスタンティズムはユニオニズムに影響を与えるものというよりも、ユニオニズムの本質を構成するものとしてとらえられている。また、デズモンド・ベルも、ユニオニズムはネイションではなく、むしろ排他的なエスニック/宗教集団としてあらわれるのであり、その「想像の共同体」は、儀式化された宗派的な行動によって表象・再生産されると述べている(8)。

一九七〇年代から八〇年代末にかけておこなわれたこれらの研究は、その多くがユニオニズムを「近代的なネイションの概念において自らを位置づけることに失敗した非近代的なもの」とみなし、ユニオニズムにおける、エスニックな、あるいは宗教的な排他性を論じている。このような否定的側面は、その妥当性はともかく、研究の担い手の大部分を占める、ユニオニズムに敵対的な研究者によってよりいっそう誇張され、政治的な批判や攻撃にも利用された(9)。

多様性　ユニオニズムのどの側面に注目するかは研究の動機・目的によって異なってくるが、長期化する北アイルランド紛争の根底にある北アイルランド問題をいかにして解決しうるのかという観点から、一九九〇年代以降は、ユニオニズムの多様性を重視した研究が主流になっている。(10)

その先駆的なものとしてあげられるのが、ジェニファー・トッドが「ユニオニスト政治文化における二つの伝統」で論じた「アルスター・ロイヤリスト（Ulster Loyalist）」と「アルスター・ブリティッシュ（Ulster British）」という二つの伝統の「発見」である。(11)「アルスター・ロイヤリスト」とは、北アイルランドのプロテスタントによる排他的な「想像の共同体」を第一とし、イギリスに対しては二次的で暫定的なアイデンティティをもつ人びとのことであり、そのイデオロギー的実体は原理的・福音主義的な宗教感情にもとづくとされる。また、「アルスター・ブリティッシュ」とは、イギリスが第一の「想像の共同体」であり、北アイルランドに対する地域的帰属のアイデンティティは二次的なものである人びとで、イデオロギー的にはリベラル多元主義の価値に執着するとされる。

このトッドによる研究は、「ユニオニズムが形づくられるさいの理念と実質的過程の両方の役割を認識することによって、これまでのユニオニズム解釈が陥りがちだったナイーヴな理想主義と露骨な実証主義の中間の位置を確立した」(12)という点で、ユニオニズム研究における新たな意識の枠組みを提示した。

こうしたユニオニズムへの見方を契機に、ブリテンとの連合維持の理由（経済的利益の強調／近代的多元主義国家への統合など）、連合維持のための方法（北アイルランドへの権限譲与／連合王国への完全統合など）、カトリック／ナショナリストに対する認識などにおいて異なる、ユニオニズムのさまざまなヴァリエーションが注目されることになる。(13)そのなかには、リベラル多元主義や多文化主義のロジックを用いて、ユニオニズムを「合理的で首尾一貫した、普遍的な」思想と定義づけるような、ユニオニスト自身による新しい主張もみられる。そこでのユニオニズムとは、一市民としてのイギリス国家体制への参入の希求であり、リベラル多元主義という近代的価値を具体化するものとされる[14]。さらに、宗派・文化の違いやエスニック・アイデンティティを超えて、共有可能な「より開かれた」ユニオニズム像をうちだすものもある[15]。また、トッドの示した二分法では、ユニオニストのイデオロギーにおける多層的かつ拡散的な方向性を単純化しすぎているとして、宗教性と世俗性、和平合意への支持・不支持といった視点を導入した、より補完的で重なり合う分析法の提示もおこなわれている[16]。

そのはじまりにおいては、ユニオニズムの攻撃/擁護を目的とした一面的なものであったユニオニズム研究が、より実態に即した、ユニオニズムの多様性をふまえた研究へと移行してきたことは、長引く北アイルランド紛争の平和的「解決」という現実的な課題を考えたとき、必然的な流れであるといえる。ユニオニストが何を根拠として、「何」から「何」を守るのか、また、そのさいの彼らにとっての「想像の共同体」とは何なのかには、当然のことながらいくつものヴァリエーションがある。北アイルランド問題において「解決」や「平和」の意味するところはそれぞれの立場によって異なるが、それはユニオニズムの内部においても亀裂や対立、暴力的抗争を生み出しているのである。

だが他方で、このユニオニズムにおける多様性はつぎのように読みかえることもできる。すなわち、唯一の共通点である「連合維持」の主張こそが、ユニオニズムが、個々の状況に応じてさまざまにその中味を変容させ、新たな装いをもって自らを表現しながらも存続しつづけてきた基盤であったということである。一九世紀末の登場から現在にいたるまで、ユニオニズムを、形を変えながらも存続させてきたものは何なのか。そして、北アイルランド問題の「解決」を志向するイギリス政府への頑なな抵抗はどのように説明されるのか。これらの背後にあるのは、ある局面において動員されるナショナル・アイデンティティの問題、いいかえるなら、ユニオニストにとってのナショナル・アイデンティティの意味と役割を維持しつづけてきたものは何か、という問いである。

ユニオニズムのひとつの側面をとりあげ、そこから引き出されたエスニックな／宗教的な／市民的なアイデンティティのありかたを否定／肯定するという問題設定からは、ナショナル・アイデンティティにおいて、それらが相互に影響しあう切り離しえないものであるという視点が抜け落ちてしまう。

すでに述べたように、本書の目的は、ユニオニズムをとりまく緊張関係に注目することで、ユニオニストのナショナル・アイデンティティを考察するひとつの見方を提示することにある。そのさい、ユニオニストのナショナル・アイデンティティは、北アイルランド内部の問題としてではなく、必然的にイギリスというより広い枠組みにおいて位置づけられる必要があるだろう。「近代の北アイルランドのユニオニズム研究におけるもっとも重要な側面のひとつは、それが、アイルランドという島よりもブリテン島という枠組みにおいて、認識されるべきだという点である」[17]との指摘は、ユニオニズムの問題、ひいては北アイルランド問題におけるイギリスの植民地主義の中心性を曖昧にさせないためにも、重要な提起である。

以上のことから、本書では「包囲の心理」と「ブリティッシュネス」という二つの概念を手がかりにユニオニズムに分け入ってゆく。なぜなら、ユニオニズムとナショナル・アイデンティティとの緊張関係は、この二つのキーワードをめぐるさまざまな問題にあらわれていると考えられるからである。

ナショナル・アイデンティティとは、つねに関係性において生じるものである。ユニオニストにとってのそれは、主として、「イギリス」、「アイルランド」、「ナショナリスト」、「カトリック」などとの関係性において規定されるといえる。

二 「包囲の心理」

北アイルランドのユニオニストを形容するさいにしばしば用いられるものとして、「包囲の心理(siege mentality)」[18]という言葉がある。この言葉は、「アイルランド統一をはかるアイルランド共和国／ナショナリスト／カトリック」と、「いつ自分たちを裏切るかわからないイギリス」に取り囲まれたユニオニストの心理的恐怖を反映している。「包囲の心理」とは、一般的には「自分がつねに攻撃［抑圧］にさらされていると感じる精神状態」(松田徳一郎編『リーダーズ・プラス』研究社、一九九四年)をさす。北アイルランドにおいては、ユニオニストのおかれた立場の特殊性をあらわすものとして、ユニオニスト自身による自己弁護の意味合いをこめて使われることが多い一方、ナショナリストからは、ユニオニストの「偏狭さ」を攻撃したり、その否定的なイメージを象徴するものとして言及されてきた。しかし、それは同時に、ユニオニストにとっての他者との関係性および、その緊張に満ちた状態を的確に表現したものであるともいえる。

ここでの目的は、ユニオニストの「擁護」や「糾弾」のためにではなく、ユニオニズムを分析する概念のひとつとして、この「包囲の心理」を考察することにある。このことは、一九九八年の和平合意以降も難航する北アイルランド和平プロセスにおいて、ユニオニストの反応を読み解く手がかりともなるだろう。

植民地における入植者

さまざまな社会調査が示すところによれば、ユニオニスト（あるいはプロテスタント）のほうが、カトリックに比べて「自分たちは差別され、不利な状況におかれている」と感じている割合が多い[19]。彼らが、歴史的にみた場合の北アイルランドにおける実際の権力関係とはねじれたかたちで、「包囲」されていると感じるのはなぜなのか。また、一方でブリテンとの連合維持を望みつつ、他方で反イギリス的な姿勢をみせるのはなぜなのか。これらの問題を考えるうえで、北アイルランド問題を「入植者による植民地の遺物[20]」という観点からとらえる視点は重要である。

ユニオニストにおける「包囲の心理」とは、通常「支配者」として位置づけられるユニオニストが、植民地と地理的に離れた「本土」ではなく、植民地の内部に位置する集団であることから引き出されたものである。この意味でユニオニストの「包囲の心理」は、ほかの植民地における入植者の心理状況と共通する特徴をそなえている[21]。

少数の入植者が、数のうえでは圧倒的に優勢なネイティヴに対して支配を確立するような植民地構造においては、入植者のストレスの最大の要因は、ネイティヴに対する恐怖であった。かりに「ネイティヴによる反逆」が起きた場合、力だけでは身を守ることはできないという入植者の潜在的な認識は、心理的かつ構造的な支配をとりわけ重要なものにさせ、ネイティヴの解放におけるいかなる試みも、警戒や怒り、パニックの対象となったのである。この恐怖は、集団の結束を高め、「包囲の心理」をもっとも生み出しやすくする。入植者の基盤とするものが脅かされれば、その脅威がクライマックスに達したとき、彼らは自らの生存を保証するために極端な方法をとるが、そうした状況になるまでは、「包囲の心理」は、ネイティヴに対する物理的・社会的・政治的な障壁を設けることによって心理的に主張される。こうした社会においては、「さまざまな出来事がレイシズムを確かなものにし、多くの入植者がものごとを知的に判断したり、変化について考えたり、過去の過ちを認めたりすることが不可能な状態へと麻痺させられる」、とパメラ・クレイトンはフランツ・ファノンを引いて述べている[22]。

また、こうした植民地構造における入植者は、本国との利益の違いから、本国に対してアンビヴァレントな姿勢を形成してゆく。入植者は、本土によって繁栄を享受し、自らを植民地における本土の文化、文明、価値観の体現者として主張する一方で、本土の政策に対しては用心深さをみせた。自分たちの利益は本土にとっての利益とは異なると考えていたのである。したがって、本土の政府による直接統治は、つねに入植者の暴力的な反発を呼んだ[23]。

「包囲」の記憶と表象

ではユニオニストの「包囲の心理」は、どのような歴史的基盤をもち、それはどのように引き継がれてきたのだろうか。まずは、「包囲の心理」の形成において重要な役割を果たす「デリー包囲」をみてみよう。

アルスター・プロテスタントとデリー包囲

アルスター・プロテスタントにとって、一七世紀の歴史的出来事は大きな意味をもちつづけてきた。なかでも、一六九〇年のボイン河の戦いにおける、カトリックのジェイムズ二世に対するプロテスタントのオレンジ公ウィリアム（ウィリアム三世）の勝利は、プロテスタント／ユニオニストのアイデンティティの拠りどころであり、毎年七月一二日には、北アイルランド各地で記念パレードがおこなわれている。この「トゥエルフス（the Twelfth）」（あるいは「オレンジ・パレード」）に対して、毎年八月と一二月におこなわれるデリー包囲の記念パレードは、デリー市で催されるローカルな行事である。しかし、ユニオニストの「包囲の心理」にとって決定的に重要なのは、何よりもまず「包囲」の直接のイメージを呼び起こす、デリー包囲であるといえる(24)。

一六八八年の名誉革命によってプロテスタントのオレンジ公ウィリアムが国王に迎えられ、カトリックのジェイムズ二世がイングランドを追われると、アイルランド各地でプロテスタントとカトリックの対立が深まった。こうしたなか、同年一二月七日（現在の暦では一二月一八日）、アントリム伯爵率いるカトリック軍に対しデリーの北西の城門を閉鎖したのが、デリー包囲の物語の幕開けである。一六八九年四月、ジェイムズ二世が逃亡先のフランスからデリーに攻め入り、降伏を呼びかけて入城を求めたのに対し、アプレンティス・ボーイズは南西の城門を閉じて、これに抵抗した。これがデリー包囲のはじまりであるが、以降一〇五日間にわたってプロテスタント住民と守備軍は籠城をつづけ、食糧難と病気が蔓延するなか、多数の犠牲者をだすことになった。一六八九年八月一日（現在の暦では八月一二日）、デリーはアイルランドに上陸したウィリアム三世率いるプロテスタント軍に救出され、包囲は解かれた。

マックブライドは、デリー包囲は、より有名な「ボイン河の戦い」にはない情緒的な力をそなえていると指摘している。[25]これはひとつには、現在のアイルランド共和国領土に含まれるボイン河とちがって、デリー市が一九二一年に北アイルランドとなったアルスター六州のなかに位置づけられていること、すなわち、アルスターの人びとがデリーの守備に参加し、彼らの子孫がいまだそこに住んでいるということによる。しかし、より重要なのは、「包囲」が、アルスター・プロテスタントと彼らの伝統的な敵との関係をとらえるための一連の教訓を、ドラマティックなかたちで提供するからである。包囲の物語は、アイルランドにおける多数派カトリックによる、プロテスタントの信仰と自由に対する一定の脅威を想起させることによって、社会的結合力の強化と、アルスター・プロテスタントの政治的な不屈の精神を推進するものとなる。そして、この包囲のシンボルが強力なものでありつづけるのは、「アルスターにおいて包囲は繰り返される」[26]からである。

「包囲」をめぐる表象

このデリー包囲にまつわる「包囲」のイメージは、さまざまな形式で表象されてきた。オレンジ公ウィリアムを描いた横断幕や壁画などとともに、デリー解放とプロテスタントの勝利の場面は、文学、絵画、詩、音楽などにおいていくたびもモティーフとなってきた。

北アイルランド第二の都市であるデリーは、アルスター植民における辺境という不安定な場所に位置しており、プロテスタントの危惧や不安の念がどこよりも敏感にあらわされてきた。一九世紀前半にカトリックの人口増がもっとも顕著にみられた都市であり、一九六〇年代末には公民権運動の拠点となり、また、紛争の直接の契機となった暴力的な衝突もデリーが舞台となったのである。[27]デリー市には、数多くの「包囲」の記念碑がまつられ、包囲軍を阻んだデリーの城壁はいまも変わらぬ姿をとどめている。

写真11　デリーの城壁近くにわずかに残されたプロテスタント地区ファウンテンにあるスローガン（筆者撮影）

いわば、デリー市全体が「包囲」と「解放」のモニュメントであるといえるだろう（写真11を参照）。

「包囲」をめぐるさまざまな表象のなかでもよく知られているのは、そのデリー市で開催されるアプレンティス・ボーイズのパレードである。[28] アプレンティス・ボーイズは一八五〇年代に創設されたプロテスタント／ロイヤリストの組織であり、一六八八年一二月にデリーの城門を閉じた徒弟の一団を称え、城門の閉鎖（一六八八年一二月一八日）とデリーの解放（一六八九年八月一二日）を祝うことを主たる目的としている。[29] 八月のパレードには、北アイルランド各地からおよそ一万名あまりの会員がデリーに集まるのに対し、一二月のパレードは規模としては比較的小さいものの、ランディ（包囲がはじまる前に降伏を画策し、デリーから脱出した軍事総督）の巨大な人形を燃やす行事がおこなわれる。

こうしたパレードのもつ意味と役割については、つぎのことがいえる。まず第一は、これらの祝祭が、アルスター・ユニオニストにとっての規範や指針を具体的に示すモデルだということである。(30) デリーの守備軍の合い言葉であった「われわれは降伏せず（No Surrender）」は、ロイヤリストのスローガンとして今日も息づいている。パレードは、あるべきアルスター・プロテスタント／ユニオニストの姿を世代から世代へと伝えると同時に、それらを共有する者どうし、つまりパレードの参加者、それを見守る見物人、彼らの祖先の団結を確認するものでもある。

第二は、こうしたデモンストレーションが、外部に対しての支配と優位の誇示・威嚇として機能するということである。彼らにとってのアイデンティティの拠りどころのひとつとしてのパレードは、自らの存在を示し、また守るための「武器」の役割を果たす。

第三に、こうした表象行為は、それに依存することによって自らの不安定な立場を支え、保証するものだということである。したがって、ユニオニストにとっては、このような「文化的伝統」の行事が公共の場で執りおこなわれ、なおかつそれがあらゆる人びとに受け入れられるということが重要になってくる。このことは、いく度も北アイルランドの政治状況に緊張と流血をもたらし、一九九〇年代半ば以降は重大な政治的課題となったパレード問題、すなわちカトリック地区における行進ルートをめぐっての対立によくあらわれているといえる。

「包囲」のイメージとユニオニズム　「包囲」の神話がもつ主要なテーマは、抵抗・団結・犠牲・解放であり、そのイメージは三世紀にわたって、祝祭やパレードなどによって表象・継承されてきた。しかし、「包囲」のイメージがこの間、必ずしも固定的なものではなかったことを指摘しておかなくてはならない。マックブライドはつぎのように述べている。

北アイルランドの人びとがいまだに一七世紀的な事柄から抜け出せないでいるという見方は、おなじみのものではあるが、誤まった見方である。一六八九年のドラマは、繰り返し世代を経て演じられてきたが、時代に応じて異なるメッセージを生み出してきた。包囲の神話が人目をひくのは、プロテスタントの政治意識全体におよぶその圧倒的な威力のみならず、そこに付随する意味の多様性なのである(31)。

マックブライドの議論を参照するなら、一六九〇年代から一七三〇年代にかけての時期には、デリー包囲は、アイルランド北部の国教徒とプレズビテリアンの勢力争いにおいて、宗教的・政治的な対立を促進した象徴として問題にされた。一八世紀後半においては、イングランドに対するアイルランドの独自性を主張する勢力が増大するなか、宗派的側面を弱めるようなデリー包囲の新たな解釈が登場したため、非国教徒だけでなく、カトリックもデリーでの記念祭に参加しうるような状況ができあがった。しかし、一七九〇年代に入ると、宗派的アイデンティティの主張がふたたび盛り上がり、リパブリカンの反乱とフランスの侵攻という二重の脅威によって、デリー包囲はふたたび一七世紀的な意味合いを強めたのである。この傾向は一八二〇年代のカトリック解放に向けたオコンネルの政治活動の時期までつづいた。

アイルランドが併合された後は、包囲はアルスター・プロテスタントのコミュニティとイギリス国家との契約的な関係をたえず呼び起こすものとなった。一九世紀前半にデリーにおけるカトリック人口の増加がすすむと、毎年恒例のパレードは一連の宗派的衝突を引き起こすようになっていった。

この包囲のイメージがもつ多様性は、包囲される側として一枚岩であるはずの、内部における多様性・緊張・亀裂を暴露するものでもある。アントニー・バックリーはつぎのように述べている。

「デリーの城壁」の物語は、アルスターにおけるカトリックとプロテスタント、リパブリカンとユニオニストの関係にメタファーを与えるものである。また、公平にみるならば、プロテスタント・コミュニティそのものにおける、社会的階層やエスニックな忠誠にもとづいた長年にわたる相違と衝突を反映しているともいえるだろう。[32]

デリー包囲の物語はじつのところ、デリーの城門の閉鎖に反対する者、非難する者、降伏を唱えるもの、疑念を抱く者といった異質性をそもそも含んでいた。前述したデリーの一二月の祝祭で、その人形が燃やされるという「ランディ」は、ロイヤリスト過激派のあいだでしばしば「裏切り者」の代名詞とされている（写真12を参照）。外部の敵に対して内部の団結を強化するという「包囲」の神話は、その内側に内部の敵を抱え込んでいたのであり、外部への恐怖は、そのまま内部における裏切り者への恐怖となる。「包囲」の記憶をたどることは、共通の敵に対して団結する均質な人びとという従来のイメージを支持するものではない。それは反対に、イデオロギー、宗派、階級の違いからくるコミュニティの

写真12　ランディの人形（タワー・ミュージアム所蔵）（筆者撮影）

根深い分裂をあらわにし、プロテスタントの伝統の複雑さと多様性を確認することでもあるのだ(33)。

このように、「デリー包囲」の神話は、さまざまな意味と機能を内包しており、その諸要素は、時代状況や政治的背景に応じてある部分の対立が覆い隠され、別の部分の対立が強調されるといったかたちで、継承されていった。そして、この歴史的記憶は、一九世紀後半のホーム・ルール（自治）運動の登場に対抗するユニオニスト・アイデンティティの高まりのなかで、カトリックの脅威に取り囲まれたプロテスタントという「包囲の心理」のステレオタイプを支えるものとして、動員されてゆくのである。

三　ユニオニストの試練

ユニオニストにとっての「包囲」の感覚は、ナショナリスト、アイルランド共和国、北アイルランドにおけるカトリック、イギリス政府などとの諸関係において形成されたものである。ここでは、一九世紀末から一九七〇年代までの時期を対象に、とくにユニオニストのナショナル・アイデンティティが厳しく問われることになった局面を通じて、ユニオニストの「包囲の心理」が、北アイルランドにおけるどのような具体的状況によって形成されていったのかをみてみたい。

ユニオニズム運動とアイルランド分断

ユニオニズムは、一八七〇年代から一八八〇年代にかけて、ホーム・ルール運動の高まりとアイリッシュ・ナショナリズムへの抵抗として出現した。当初はアイルランド全島のブリテンとの連合を主張していたアイリッシュ・ユニオニズムは、二〇世紀に入り、しだいにアイルランド北部のプロテスタント住民を基盤としたアルスター・ユニオニズムへと変容していった(34)。

ユニオニストがホーム・ルールに抵抗した理由は多岐にわたるが、なかでもつぎの二つがその中心的なものだったといえる。第一は、アイルランド自治が、カトリックの教義を色濃く反映した体制をとるのではないかという恐れである。カトリック教会が政治や社会に及ぼす強い影響力も懸念されていた(35)。第二に、アイルランド自治が、ユニオニストの「ブリティッシュネス」を脅かすものになるのではないかという恐れである。当時の多くのユニオニストは、アイルランド人であると同時にイギリス人(British)でもあるという意識をもっていたが、アイルランド自治体制ひいてはアイルランド共和国に組み込まれることは、彼らのブリテンとの絆を弱めるものと考えられた。こうした思想にもとづいて、ユニオニストはアイルランド自治・連合王国からの分離に強固に抵抗したのである。

イギリスの自由党内閣は、三度にわたって、アイルランドに大幅な内政上の権限を委譲する自治法案を提案したが、一八八六年の第一次法案、一八九二年の第二次法案は、アイルランドのユニオニストの反対はもとより、イギリスの保守勢力の根強い抵抗にもあい、すぐさま否決された。しかし、一九一〇年に提出された第三次自治法案は、前年に可決された議会法(36)や、アイルランド側の支持によって、成立が必至となった。

事態を重くみたユニオニスト、とくにアルスターにおけるユニオニストは、大規模な運動を展開し、ホーム・ルールに暴力的に対抗する。その中心となったのが、弁護士の経歴をもち、ユニオニスト党の

図版1 「アルスター誓約」に署名するカーソン

図版２　ダウン州に集結したアルスター義勇軍を視察するカーソン

指導者であったエドワード・カーソンと、のちに北アイルランド初代首相を二〇年にわたって務めることになるジェイムズ・クレイグである。一九一二年には、ホーム・ルールへの反対姿勢を示すために二五万人による「アルスター誓約」への署名がおこなわれ、一九一三年には、一〇万人の武装した市民からなるアルスター義勇軍（ＵＶＦ）が結成された（図版1と図版2を参照）。また、一九〇五年に創設されたアルスター・ユニオニスト評議会で、ホーム・ルールが強行された場合に向けて臨時政府案が提出された。カーソンは、「もし、自らの王を愛し、自らの法を守ろうとし、自らの生得権や市民的・宗教的自由を保護することが裏切りになるというならば、私は喜んで裏切り者になろう」と述べている(37)。

しかし、第一次世界大戦の勃発によって、第三次自治法案は執行が延期され、ホーム・ルールに対抗するために結成されたアルスター義勇軍は、ただちにイギリス軍として参戦する。一九一六年七月のソンムの戦いにおける第三六（アルスター）師団の犠牲は、後々までユニオニストのブリティッシュネスへの忠誠を語る記憶となった。大戦終結後、棚上げされていたアイルランド自治政府の実現に向けて交渉がおこなわれるなか、アルスター・ユニオニストの断固たる抵抗を前に、アイルランド問題の「解決」策としてのアイルランド分断が現実性を帯びはじめる。結果的に「北アイルランド」は、プロテスタントが多数派を占めるアーマー、アントリム、デリー、ダウン、ファーマナ、ティローンの六州によって構成されることになったが、その領土的な境界は、新しい政治体制におけるユニオニストの地位を少しでも有利なものにするために、慎重に選択されたものであった。

北アイルランドの成立

一九二〇年のアイルランド統治法は、アイルランド三二州のうち六州からなる北アイルランドと、それ以外の二六州からなるアイルランド自由国という二つの体制をもたらし、一九二一年の北アイルランド議会開設によって、北アイルランドの自治がはじまる。[38]しかし、これはけっしてユニオニストの勝利の結果ではなかった。ユニオニストは「合同法」のもとでと同じく、ウェストミンスターによる直接統治を望んでいた。アイルランドの分断は妥協の産物であり、誰もそれを本当には欲していなかったのである。[39]北アイルランドの成立は、諸関係におけるユニオニストの位置をさらに不安なものにさせた。

まずは、イギリスとの関係における北アイルランドの変則的な地位である。北アイルランドは「連合王国（the United Kingdom）」のひとつの構成単位ではあるが、イギリスの内政には関与できないことから「イギリス（Britain）」より疎外されていた。[40]カトリックとの関係では、一九二〇年から二二年にかけての北アイルランドでの暴力的な衝突(41)や、活動を活発化させていたＩＲＡの脅威によって、統一アイルランドが実現したときのプロテスタントへの攻撃という恐怖がさらに強化された。一九二二年に成立したアイルランド自由国との関係では、王政に関わるすべての象徴の除去やイギリス連邦からの分離の促進など、急速にすすむ「脱イギリス化」と「ゲール化」の傾向によって、アルスター・ユニオニストをアイリッシュネスの感覚から遠ざけた。また、アイルランド憲法の第二条における領有権の主張(42)は、北アイルランドの存在を認めておらず、統一アイルランドをほのめかすものとしてユニオニストの強い反発を招いた。したがって、このような状況におけるユニオニストの目的は、イギリスへの継続したコミットメントと反統一アイルランドという政治的姿勢、およびアルスター・ユニオニスト党（ＵＵＰ(43)）による支配体制の確立と維持に向けられていったのである。

北アイルランド成立当初の宗派別人口は、二対一の割合でプロテスタントが多数派を占めていた。しかし、この数字は、ユニオニストが北アイルランド議会において安定多数の議席を確保するのに、けっして十分とはいえなかった。ユニオニストが選挙に敗北し、連合維持に反対を掲げる政府が誕生することは、現実にありえないことではなかったのである(44)。そのため、小規模政党の弱体化を目的とした一九二九年の比例代表制の廃止と小選挙区制の導入、特定政党に有利なように選挙区を区割りするゲリマンダリング、地方税納付者への選挙権付与、クイーンズ大学出身者や事業主に与えられる複数選挙権など、結果としてプロテスタントが優遇され、カトリックが排除されるような制度的仕組みが巧妙につくられていった。

こうしたなか、カトリックへの差別に対する認識は希薄であった。ユニオニスト政府は、選挙制度や司法上の差別、その他、社会生活のあらゆる場において、宗派や政治的信条にもとづいたいかなる差別もこれまでになかったと主張している。また、アルスター警察も、その宗派別構成が偏っていることについて、カトリックが警察への入隊を拒絶するため、結果としてプロテスタントの占める割合が多くなるのだとし、むしろ原因はカトリック側にあるという見解を示した[45]。

しかし現実には、カトリックへの根強い構造的・社会的差別があり、それらと結びついた経済的な不均衡が存在した。とくに、雇用問題に関しては、プロテスタント経営者が宗派を理由にカトリックの労働者を雇わないなどの差別が厳しく、それは両派の失業率や職種における分布の違いにもあらわれていた。たとえば、ビジネスマン、専門職、管理職、大規模農家、熟練労働者はプロテスタントに多いのに対し、小規模農家、非熟練労働者はカトリックに多くみられる。地方自治体の役員も圧倒的にプロテスタントによって占められており、その結果、地方自治体の管理下にあった公営住宅の割り当ては、選挙区における宗派別人口比に大きな変動をきたさないよう、プロテスタントが優遇されていたのである。

第二次世界大戦

第二次世界大戦におけるアイルランド自由国の姿勢は、ユニオニストに脅威を与えた。一九三九年にナチス政権下のドイツとイギリス帝国とのあいだで戦争がはじまると、アイルランドはイギリスの自治領において唯一、中立を表明した。この方針は、北アイルランドのナショナリストにも全面的に支持された。戦争におけるナショナリストの反応は、ＩＲＡの活動が活発化していた北アイルランドにおいてさらなる政治的緊張を生み出し、四五人のＩＲＡメンバーが投獄された。しかし、ユニオニストにとってIRAの脅威よりもはるかに大きな衝撃であったのは、一九四〇年の戦争助力をめぐるイギリスとアイルランドの話し合いだった。イギリス政府は、イギリスが原則としてアイルランド統一を手助けするのと引き替えに、アイルランドの中立放棄を求めたのである。だが、第一次世界大戦でイギリスに協力した後にもたらされた「アイルランド分断」という苦い経験をもとに、アイルランドが正式に中立の放棄を拒絶したために、ユニオニストはアイルランド統一の可能性という危機をまぬがれた。

一方、北アイルランドは、とくに食糧生産と軍需品の供給においてイギリスを支え、また、ドイツ軍によるベルファストへの爆撃に耐えつづけた経験は、第二次世界大戦中のイギリスとの共通の記憶を形成した。反対に、アイルランドの中立政策は、ユニオニストのナショナル・アイデンティティにとってアイルランドの異質性を強く認識させるものとなった。そして、アイルランド自由国は一九四九年にイギリス連邦から脱し、アイルランド共和国として独立を果たすのである。

公民権運動と北アイルランド紛争

北アイルランド成立以来、四〇年以上にわたって維持されてきたユニオニスト支配体制は、一九六〇年代に入り動揺をみせはじめる。その契機となったのが、一九六三年のテレンス・オニール首相の登場である。穏健派のオニールは、歴代の首相とは異なり、プロテスタントとカトリックのコミュニティ間の溝を埋め、アイルランド共和国との関係改善をはかる「宥和政策」を推進した。彼のねらいは、北アイルランド経済を振興しカトリックの地位向上をはかることで、カトリックの北アイルランド国家への統合を押しすすめることにあった。オニールにとってこの「新しいアルスター」の主張は、ジェイムズ・クレイグやエドワード・カーソンに代表される伝統的ユニオニズムを否定するのではなく、その土台の上に築かれるものであった。「ただ連合王国の一部であるだけでは十分でない。われわれは連合王国における進歩的な役割を担うべきなのだ[46]」とオニールは述べている。また、一九六五年には、南北関係の向上のため、ストーモント議事堂でアイルランド共和国首相ショーン・レマスとの会談をおこなった。こうしたオニールの「宥和政策」に対して、UUPは協力を拒んだだけでなく、カトリックの地位向上に強く抗議した。オニール支持者にとっても、共和国首相との会談は大きな衝撃をもたらした。

このオニールの政策方針に対するUUPの姿勢は、カトリックに、もはや議会活動を通じての地位向上が不可能であることを再認識させた。おりしも、一九六〇年代は世界中でいわゆる「異議申し立て運動」が盛んな時期であり、なかでもアメリカにおける黒人を中心とした公民権運動の高揚は、北アイルランドのカトリックを大衆行動や直接行動へ移らせる大きな刺激となった。また、イギリスの福祉政策の導入によって実現した一九四四年の北アイルランド教育法における初等・中等教育の無償化および大学の奨学金制度の整備などを背景として、カトリックのミドルクラスが増大しつつあった。

こうしてカトリック知識人の指導のもと、公民権運動が展開されるにいたったのである。社会正義運動（CSJ）[47]や北アイルランド公民権協会（NICRA）[48]、ピープルズ・デモクラシー（PD）[49]などの団体を中心とした、雇用・住宅・選挙制度の改革、言論・集会・結社の自由の保障などを要求するデモ行進が、アルスター警察やプロテスタントとの衝突を刺激してゆくなかで、オニール政府は対応を迫られ、一九六八年一一月に最初の改革案を発表した。

しかし、これはプロテスタント過激派の猛烈な反発を招くことになった。今日にいたるまでプロテスタント過激派の象徴的存在であるイアン・ペイズリー(50)は、街頭演説でオニール主義の危険を主張し、政治の場に台頭してきた。かつてオニールを首相に後押しした内務大臣のウィリアム・クレイグも、「われわれを統一アイルランド共和国に押しやろうとする、あらゆる試みに対して抵抗する」と表明した(51)。オニールは「内部の敵」、いわばデリー包囲における裏切り者ランディとみなされたのである。

公民権運動は、ユニオニストの目にどのように映ったのだろうか。一九六〇年代末の北アイルランド情勢を調査した『カメロン・レポート』は、コミュニティ間の緊張と摩擦を引き起こし、また持続させてきたプロテスタント側の恐怖と不安に着目し、それらの緊張が、公民権運動の拡大にともなっていっそう高まったと指摘している。この恐怖と不安とは、つぎのように説明されている。すなわち、アイルランド共和国による北アイルランドという存在の否認、カトリックの北アイルランドとイギリスへの敵意、IRAの活動、アイルランド共和国におけるプロテスタント人口の確実な減少、共和国政府においてカトリックの教義がもつ影響力、そして、将来的な北アイルランドにおけるカトリック人口の増加が、プロテスタントへの差別を増大させ、生活水準の低下を招き、連合王国の一部としての北アイルランドの地位を危うくするのではないか、というものである。こうした恐怖によって、公民権運動は、純粋な「異議申し立て」ではなく、ナショナリスト、リパブリカンではないとしても、カトリックの運動と受け取られたのである(52)。

結局、オニールの「宥和政策」「改革案」は、どのようなコンセンサスも得られなかった。閣僚のあいつぐ辞任、UUP内部での退陣要求、公民権運動側からの改革の内容への批判、アルスター義勇軍やIRAへの支持の高まり、イギリス労働党政府からの改革の早急な立法化の要求などによって、オニール首相は板挟みの状況に陥り、一九六九年四月に辞任を余儀なくされた[53]。

こうして両派の緊張が高まるなか、一九六九年八月一二日のアプレンティス・ボーイズのパレードにおける衝突は、北アイルランドを「紛争」に突入させた。デリーのカトリック地区ボグサイドでのカトリックとアルスター警察との抗争はベルファストにも拡大し、一四日には治安維持のためイギリス軍が派遣された。イギリス政府は北アイルランド政府に事態を収拾するための改革（選挙制度の是正、住宅管理、公的機関への就職差別への措置など）を要求し、両政府はその内容に合意した。

紛争の勃発は、ユニオニストに深い傷を負わせた。ユニオニストは、北アイルランドを揺るがした公民権の問題に対して自らを弁護しつつ、自らのおかれた状況を筋の通ったものとして、また部外者からの同情を得るような言葉を用いて説明しようと苦闘した[54]。ユニオニスト過激派は政府の改革案への合意を「裏切り」と容赦なく批判し、ペイズリーは一九七一年にUUPから離脱して、民主ユニオニスト党（DUP）を創設した[55]。IRA暫定派による武装闘争、アイルランド共和国政府の失地回復主義、社会民主労働党（SDLP）[56]とイギリス政府による継続的な改革への圧力などによって、プロテスタント・コミュニティが抱いていた「包囲」の感覚は、エリート層だけでなく、広くユニオニスト全般に強い衝撃を与えた。一九七一年九月のアルスター防衛協会（UDA）の結成は、労働者階級の恐怖を反映したものであった。

イギリスによる北アイルランド直接統治

治安維持のために派遣されたイギリス駐留軍であったが、カトリック住民との争いが生じるようになると、ＩＲＡ暫定派はさらに活動を活発化させた。北アイルランド政府は、断固たる措置を求めるプロテスタントからの圧力によって、一九七一年八月に裁判なしで被疑者を拘留できるインターンメントの実施を決定する。これにより三四二人がＩＲＡ容疑者として収監されたが、このうち、実際にＩＲＡと関係があったのは五六人だけだった。カトリックはこれに抵抗し、各地でストやデモがおこなわれた。

　一九七二年一月三〇日のデリーでの抗議デモもそのひとつだったが、参加者とイギリス軍の衝突のすえ、非武装の一般市民一三人が死亡、一七人が負傷した。これが「血の日曜日事件」である。この事件はアイルランド共和国も含めてカトリック全体の怒りを呼び起こし、各地で抗議デモがつづき、ダブリンのイギリス大使館は焼き打ちにされた。二月には、ＩＲＡが正統派、暫定派ともにあいついで爆破事件を起こし、あわせて二五〇人近くの死傷者をだした。

　一九七二年三月、事態を重くみたイギリス政府は、北アイルランド政府が治安維持の権限の引き渡しを拒否したのち、北アイルランド政府とストーモント議会の権限を停止し、一年間という期限で直接統治にふみきった。これにより、約五〇年にわたる北アイルランドの「自治」は終止符を打たれたのである。イギリス政府には北アイルランド担当相という新たな閣僚ポストが設けられ、総督および首相としての権限が付与された。

　ストーモント議会の廃止は、ユニオニスト・コミュニティに大きな打撃を与えた。この一九七二年の直接統治を契機として、ユニオニズム内部における政治目的は分裂をみせはじめる。連合王国への完全統合、北アイルランド自治の回復、そして独立アルスターである。独立アルスターの運動はけっして主流にはなりえなかったものの、その背景にあるのは、「アイルランド共和国に吸収されるくらいなら、むしろ独立のほうがましだ」という主張であった。一九七二年、紛争による死傷者数は最高潮に達し、武装組織どうしや治安当局との対立は激化していった。

北アイルランド情勢が一向に好転しないなかで、北アイルランド担当相はストーモント議会に代わる新たな統治機構の創設を計画し、一九七三年に、アイルランド共和国政府、SDLP、北アイルランド自治時代の最後の首相を務めたブライアン・フォークナーとの協議を経て、サニングデール協定が成立する。このサニングデール合意の目的は、北アイルランドに独自の議会を設け、ユニオニスト、ナショナリスト双方の立場をそれぞれ代表する議員から構成される行政府を組織すること、また、アイルランド南北の代表が、共通の利益について協議をおこなうためのアイルランド評議会を設置することであった。同時に、共和国の北アイルランドに対する領有権主張の問題をめぐっては、アイルランド、イギリスの両政府によって、北アイルランドの地位に関しては多数派の意志を尊重することが宣言された。これにより、一九七四年一月一日、フォークナーを首相とした、ユニオニストとナショナリストの「権力分有《パワー・シェアリング》」にもとづく新政権が誕生したのである。

このサニングデール協定をめぐる異なる解釈は、ユニオニズムの多様性を顕在化させた。交渉に関わったフォークナーは、はじめて共和国によって、北アイルランドの既存の境界における自治権が承認されたことを高く評価し、アイルランド評議会での政府間交渉において対等に扱われたことを、共和国による分断状況の受け入れとみなした。他方で、多くのユニオニストにとって、協定は北アイルランドとブリテンの連合の終焉を示すものであった。反フォークナー派は、アイルランド評議会が、徐々にそこへ権力を移動させることによって、アイルランド統一をもたらす主要機関になるのではないかという懸念を表明した。また、ペイズリーは、アイルランド憲法による領有権の主張と相容れないものであるため、アイルランド共和国が北アイルランドを連合王国の一部として承認したというフォークナーの見方は誤りである、と批判した(57)。フォークナーのユニオニズムは、アイルランド共和国の北アイルランド内政への干渉を認めている点で、「伝統的ユニオニズム」からの乖離だとみなされたのである。

また、サニングデール協定への反発は、「われわれは屈しない（No Surrender）」、「アルスターは拒否する（Ulster Says No）」といったスローガンのもと、プロテスタント・コミュニティのいたるところから表明された。一九七四年五月一五日にはアルスター労働者評議会（ＵＷＣ）(58)が、エネルギー供給の停止や工場の閉鎖をはじめとするゼネストを呼びかけ、約一八万人がこれに参加した。一七日には、ＵＶＦの仕掛けた自動車爆弾によってアイルランド各地で計一五〇人以上が死傷し、事態をみかねたイギリス政府は二七日にイギリス軍を出動させた。「権力分有《パワー・シェアリング》」とアイルランド評議会へのユニオニストの抵抗はフォークナーを辞任に追いやり、フォークナーらプロテスタント系閣僚の辞職により、一九七四年五月二八日、新政権はわずか半年足らずで崩壊した。北アイルランドはふたたびイギリスの直接統治下におかれることになったのである。

「包囲の心理」における〈ねじれ〉

北アイルランドのユニオニストにとっての「包囲」の感覚は、植民地における入植者の心理、デリー包囲という歴史的記憶を基盤として、一九世紀末のホーム・ルール運動の登場、北アイルランド自治の開始、アイルランド共和国の成立、北アイルランド紛争の開始、イギリスによる直接統治と北アイルランド自治の終焉といった、そのときどきにおけるイギリス、アイルランド、ナショナリスト、カトリックとの関係性において形成され、また、その関係性の変容のなかであらわされてきた。そこには、アイルランド共和国やリパブリカンの武装組織による精神的・身体的な脅迫への恐怖と、イギリスによる保証の弱さからくる、裏切りへの恐怖がみてとれる。この「包囲の心理」における不安と恐怖は、ユニオニストの「攻撃的」「偏執狂的」「非合理的」とみなされる思想と行動が、彼らにとっては正当化されてしまうような根拠を提供する。

第一は、変化に対する非妥協的な態度、および猜疑心である。どのような変化の動向も、「包囲の心理」においては自らを脅かすものとして、とくにアイルランド統一／カトリックの脅威と関わるかたちで再調整・解釈されることになる。

第二は、保証の切実な希求である。これは、ブリテンとの連合への固執、ブリティッシュネスの主張としてあらわれる。

第三は、マジョリティとしての認識の弱さである。ユニオニスト／プロテスタントは、自らの優位性を認識する一方で、自分たちがより差別され、不当な扱いを受けていると感じる。したがって、カトリックにとっての差別の状況や、自分たちが彼らを構造的に抑圧してきたことについての意識は希薄である。

第四は、イギリスへのアンビヴァレントな忠誠である。イギリス政府による北アイルランド政策が、カトリック／ナショナリスト／アイルランド共和国に譲歩するようなものと受け取られた場合、ユニオニストは徹底的な抵抗をみせる。なぜなら、彼らの忠誠は王や連合王国という制度・機構に対するものであり、イギリス政府――ブリテンという名のイングランド中心主義の政策――に向けられたものではないからである。そのように考えると、反ホーム・ルールの時期におけるイギリスへの抵抗や、一九七三年のサニングデール協定、一九八五年のイギリス＝アイルランド協定の拒否も、こうした忠誠の誓いを破るものではないということになる。このイギリスへのアンビヴァレントな忠誠は、けっして主流にはなりえないものの、ときには独立主義を生み出すこともある。この傾向は、とくに一九七二年の直接統治以降の、DUP、UVF、UDAなどのロイヤリズムに顕著にみられる。ここでの「ロイヤリスト」とは、イギリスに対してではなく、「自らにもっとも忠実である」ことを意味するのである[59]。

また、「包囲の心理」は、「不安」「恐怖」「自己保存」「抵抗」というキーワードを中心とした、ユニオニストからみた北アイルランドの歴史を映し出してもいる。連合王国からの切り離しや、統一アイルランドへの吸収という不安・恐怖に対して、自らの位置を守ろうとするユニオニストの思想と行動は、ナショナリストにとっては支配・抑圧であり、その姿は「偏執狂的」「狂信的」なものとみなされた。これまでの、ユニオニズムへの否定的評価は、主として、ナショナリストからみた北アイルランド史において引き出されたものである。こうして、「包囲の心理」は、同じ出来事に対する、ユニオニスト／プロテスタントと、ナショナリスト／カトリックの反応と解釈の違いを鮮やかに浮き彫りにする。このことは、ほかのあらゆる歴史と同様に、北アイルランドにおいても「客観的な」歴史の記述などは存在しないということを示している。

「包囲の心理」は、ユニオニストの自己弁護のさいのレトリックとして使われるとともに、自己批判の対象として言及されることも多い[60]。そこでめざされているのは、北アイルランドの将来に向けての新たなユニオニズムの模索であるが、「包囲の心理」が不安や恐怖と密接に結びついたものであることを考えると、簡単に乗り超えられるものなのかどうか、という疑問が残る。「包囲の心理」とは、ユニオニストを「不安定で偏狭なネガティヴなイメージ」において描くものであるがゆえに、乗り超えられるべきものであるというより、ユニオニストにとっての他者との関係性およびその緊張した状態をみるうえで、また、ユニオニストが「何に」包囲され、そのような状態において「何を」守るのかを明確に浮かび上がらせるという点で、有効な概念であると考える。したがって、彼らが何に「包囲」されているのかということのみならず、こうした「包囲の心理」の感覚によって、彼らが脅かされていると感じるもの＝「包囲」された他者から守ろうとしているものとは何かを具体的にみることが、ユニオニズムの理解において同時に必要となるだろう。その意味では、「包囲の心理」を、彼らにとって正当性や意味をなす世界に位置づけて考えるべきだ、という指摘は重要である。(61)

「包囲の心理」において自己の正当化にさまざまな素材を提供するのは、自らを優位に位置づける「イギリス的なるもの」であり、したがって、こうした心理における集団的帰属の強化は「ブリティッシュネス」に向かうものとなる。次章では、このユニオニストにとっての「ブリティッシュネス」について考えてみたい。

第4章　保証のない「ブリティッシュネス」

ブリテンとの「連合維持」を主張するユニオニストにとって、ブリティッシュネス（Britishness）は、そのナショナル・アイデンティティの核となる概念である。では、ユニオニストにとっての「ブリティッシュネス」とは何を意味するのだろうか。このことを探るには、ブリティッシュネスという概念のそもそもの成り立ちとユニオニストとの関わりをみる必要があるだろう。

一　ユニオニストの「ブリティッシュネス」

アルスター・プロテスタントのアイデンティティ

北アイルランド成立以前、ホーム・ルール（自治）運動がはじまる時期までは、「ブリティッシュネス」はアルスター・プロテスタントのアイデンティティにおいて、つねに前面に出されていたわけではなかった。これまでのいくつかのユニオニズム研究では、この時期におけるアルスター・プロテスタントのナショナル・アイデンティティが多層的なものであったことが指摘されている。(1) それは、「ブリテイッシュネス」のほかに、「アルスターネス（Ulsterness）」や「アイリッシュネス（Irishness）」によって構成されていた。以下、イアン・マックブライドの議論を参照しながら、この三つのアイデンティティがそれぞれどのように機能したのかについて考えてみたい。

「アルスターネス」は、アルスターのプロテスタントがホーム・ルールの危機にさらされるなかで、具体性を帯びてきたものである。二〇世紀初頭には、ステレオタイプ的な「アルスターマン」を構築しようという試みのもと、さまざまな著作が生み出された。そこで浮かび上がったアルスターのキャラクターとは、「頑固だが、いんぎんで、抜け目がなく、自信に満ち、意志が強く、勤勉で、率直にものを話し、彼らよりも幸せでない人びとを統治する能力に恵まれている」といったものである。このようなアルスターネスは、「野蛮な土地における、文明、法、宗教の運び手」といった植民地的言説を喚起させるものであった。また、アルスターネスは、アルスター地方における商業・貿易の繁栄によって、「野蛮な」カトリックとの分離およびアルスターの独立性を示すものでもあった。このアルスターネスに文化的基盤を与えるために、アルスターとスコットランドとの緊密なつながりをあらわすような多くの神話が創造された(2)。

「アイリッシュネス」は、プロテスタントにとって、故郷への献身と伝統における誇り、風景に対する愛着をあらわすものであった。しかし、アイリッシュネスの主張は、プロテスタントの愛国主義とカトリックのナショナリズムとを注意深く区別しておこなわれた。ここでは、「アイリッシュのためのアイルランド」というスローガンの背後にある人種的排他性が非難され、「われわれもまた、アイリッシュである。われわれはアイルランドを誰よりも純粋な愛国心において愛している。アイルランドはわれわれ

われ自身の、そしてわれわれの先祖の土着の土地であって、われわれはそれ以外をもたないのだ」という主張がなされた。(3)

「ブリティッシュネス」は、連合王国の人びととの人種的・宗教的・文化的なつながりを強調し、イギリスがもつ国際的な影響力や、進歩・自由・個人主義を象徴する「偉大な」文明、帝国への愛着を示すものであった。(4)

これら複数のナショナル・アイデンティティは、同時に矛盾することなく並存しており、状況に応じていずれかが表にあらわれた。こうしたアルスター・プロテスタントにおけるナショナル・アイデンティティの状況は、しばしばイデオロギー的な混乱の証拠として解釈されてきたが、それらはまた、ブリテン諸島（British Isles）における諸文化の相互作用によって形成された、多層的な忠誠の表現としても読み替えることができる。(5) さらに、どのアイデンティティをとってみても、たとえそれが「アイリッシュネス」であっても、カトリックとの差異化を目的とした言説をつくりあげている点は、興味深い。しかし、ホーム・ルール反対運動・北アイルランド成立を経て、こうした多層的なアイデンティティのありかたは変容を迫られ、「ブリティッシュネス」が、ユニオニストのナショナル・アイデンティティの核として、重要性を高めていったのである。

まず、「アイリッシュネス」の意識が相対的に希薄化する原因となったのは、「南」において、ゲール文化とカトリックのナショナリズム精神を色濃く反映した「アイルランド自由国」という新たな政治体制が出現したこと、およびそこでのアイリッシュネスの「独占」だった。アイルランド分断後の北アイルランドでは、アイルランド自由国におけるプロテスタント住民の宗教的迫害、学校での必修科目としてのゲール語の導入、公的な場面におけるイギリスの象徴の撤廃について、大々的に報道がなされた。また、一九三七年に制定されたアイルランド憲法におけるカトリックの教義の成文化と、第二次世界大戦中の中立政策は、北アイルランドにおいて、アイルランド自由国に対する「異質」で、「教会に支配された」、「イギリス文化に容赦なく敵対的な」イメージを完全なものにした。このようにして、「脱イギリス化」、「ゲール化」、「カトリック化」したアイルランド自由国におけるアイリッシュネスの主張は、ユニオニストにとって、「同時にブリティッシュであること」と相容れないものになっていったのである。

また、「アルスターネス」というアイデンティティをめぐっては、北アイルランド成立後も、独自のアルスター文化を確立しようとする政策はみられなかった。その理由としては、分断後の北アイルランドにとって、ブリテンとの連合維持のほうが、政治的にはるかに重要性をもっていたことがあげられる。アルスターとスコットランドとのつながりを強調することも、このような状況においては、さらに「ブリティッシュネス」を補強するものとして機能した。

こうして、ユニオニストにおける「ブリティッシュネス」、「アルスターネス」、「アイリッシュネス」の並存は、北アイルランドという境界上の区分が成立し、ユニオニストがイギリス、アイルランド共和国、カトリックから「包囲」されるにつれて、「ブリティッシュネス」に重心を移していったといえる。そして、「ブリティッシュネス」とは、このような不安定な状況におけるユニオニストの拠りどころとなっていったのである。

ブリティッシュネスの形成

では、そのブリティッシュネスという概念は、そもそもどのような経緯を経て、想像／創造され、どのような意味を付与されてきたものなのだろうか。

『ブリトン』の著作で知られる歴史家のリンダ・コリーは、イギリス人《ブリトン》が、自らを現実あるいは想像のうえで、「他者」あるいはよそ者から区別する方法を明らかにすることに、これまでほとんど注目が集まらなかった理由として、イギリスのアイデンティティが自明のものと考えられ、第二次世界大戦後まで真剣に研究されることがなかったためである、と説明している。(6) しかし、一九七二年、J・G・A・ポーコックが「イギリス史は、複数の民族と複数の歴史の相互影響としてのみ理解されうる」と述べ、「イングランドの政治的・文化的ヘゲモニーのもとでの、帝国における諸文化とそれらの相互作用からなる多文化的・多元的な歴史」としてのブリテン史の必要性を唱えてから、(7) 今日までさまざまな研究がおこなわれ、成果をあげている。なかでも、コリーは、ブリティッシュネスを「既存の複数のレヴェルでの連携や忠誠心をつなぐアイデンティティ」としてとらえ、それは「イングランド、スコットランド、ウェールズが共有したプロテスタンティズムを核として、一七世紀から一九世紀にかけてのフランス（カトリック）との戦争、帝国主義の拡張を通じて創り上げられてきた」と論じた。(8)

ブリティッシュネスの形成には、スコットランドが深く関わっている。軍事的・経済的な劣勢という事情から、より広い枠組みにおいて自らの活路を見いだすことを余儀なくされたスコットランドは、一七〇七年にイングランドとの合同によってグレート・ブリテン連合王国に組み込まれた。政治的主権の犠牲は、明確な法制度、教育、宗教において具体化されたスコットランドのアイデンティティを保持するために支払われた代償であり、彼らにとっての連合の概念は、徹底的に契約的かつ「条件付き」なものであった。イングランドは、スコットランドからの支持とひきかえに、彼らの習慣や制度の保護を保証し、イングリッシュが享受していた自由と繁栄に対する同等の権利を彼らに約束したのである(9)。したがって、そこでのブリティッシュネスとは、スコットランドにおける愛国心と両立しうるものであった。

ブリティッシュネスが、このような経緯によって形成されたことを考えると、ブリティッシュネスに対するイングリッシュと連合王国におけるそれ以外の人びととの認識の差異は理解しやすくなる。一七〇七年のスコットランドとイングランドの連合は、一八〇一年のアイルランドとイングランド・スコットランドの連合と同様に、軍事的必要性がもたらしたものであった。スコットランドとアルスターにとっては、必要性と利点があったが、イングランドにとってブリティッシュネスは、とくに関心を呼び起こすものではなく、イングリッシュネスとほとんど同義とみなされたのである。

ユニオニストの「ブリティッシュネス」

「ブリティッシュネス」は、増大する不安・恐怖というユニオニストの「包囲の心理」において、ますますその重要性を高めていった。ナショナル・アイデンティティとは安心感や居心地のよさを提供する重要な基盤のひとつであるといえるが、ユニオニストの場合は、ブリテンとの連合の象徴である「ブリティッシュネス」が、自らの不安定な位置づけを保証するものとして、切実に希求されたのである。では、ユニオニストにとっての「ブリティッシュネス」とは、具体的に何を保証するものなのか。

ジェニファー・トッドは、ユニオニストの「ブリティッシュネス」を分析し、三つの側面に分けて論じている。(10) まず第一の側面は、連合王国の人びととの歴史的な記憶・経験の共有であり、ブリテンという「想像の共同体」の文化的基盤としての「ブリティッシュネス」である。第二の側面は、イギリス国家における社会的・政治的制度との自己同一化であり、イギリス臣民としてのアイデンティティをあらわす「ブリティッシュネス」である。第三の側面は、アイリッシュ・アイデンティティへの対抗として構成されたナショナル・アイデンティティであり、ブリティッシュの「ポジティヴな」特質が、アイリッシュの「ネガティヴな」特質に対して位置づけられる。

この第三の意味での「ブリティッシュネス」は、つぎの五つの主張としてあらわれる。ひとつめは、「世界権力、国際的舞台への足がかりとしてのイギリスの地位」、二つめは、「近代的かつ完全なものとしてのイギリス文化」、三つめは、「より高度な文明としてのプロテスタント文化」、四つめは、「自由主義、民主主義、正義を体現するものとしてのイギリス国家機構」、五つめは、「長期にわたって存続しつづけた、普遍的なものとしてのイギリス政治制度」である。トッドは、このユニオニストにとっての第三の「ブリティッシュネス」の側面を、「帝国主義の過去から引き出されたブリティッシュ・アイデンティティ」であるとして、擁護されるべきものではないと結論づけている。

以上にあげた、ユニオニストにとっての「ブリティッシュネス」は、何を意味しているといえるだろうか。ここに顕著なのは、「ブリティッシュネス」が、自己の優位性をあらわすものとしてさまざまに用いられているということである。そして、優位性をあらわすために用いられるという点で、トッドのいう、第一の側面としての「歴史的な記憶・経験の共有」も、第二の側面としての「イギリス臣民としてのアイデンティティ」も、「擁護されるべき」であるという評価は下せないように思われる。とくに、第二の側面、すなわち、連合王国の制度・機構におけるイギリス臣民の地位を主張する「ブリティッシュネス」は、トッドが一九八七年の論文のなかで、「アルスター・ブリティッシュ」と名づけたユニオニズムに特徴的なものだが[11]、これを「リベラル」なものであると位置づけることには疑問が感じられる。

第二の側面における「ブリティッシュネス」とは、進歩・文明の具現であり、進歩=優位という思想がその中心に据えられている。たとえば、カトリックに対する制度的・社会的な差別をほとんど自覚しない一方で、カトリックを「教会の権威主義にまみれた遅れた人びと」とみなし、「そこからの解放」を主張するような言説は、自らをイギリスに位置づけることによって普遍的な「無徴」とし、それ以外を異常で特殊な「有徴」と規定するレイシズムの基本的特徴を帯びている[12]。ここからいえるのは、反カトリック、反アイルランドを露骨に示すものとしても、文明、進歩、近代性を主張するものとしても、自らの優位性を象徴するユニオニストにとっての「ブリティッシュネス」は、帝国主義的・植民地主義的な色彩を色濃く反映したものであるということだ。そして、このことは、ブリティッシュネスの本質を暴露し、それゆえに、ユニオニストがイギリスから疎外されるひとつの要因をつくりだしてしまうのである。

「ブリティッシュネス」の再生産

ユニオニストの「ブリティッシュネス」は、さまざまなかたちで表象・再生産されてきた。ここでは、文化的象徴による「ブリティッシュネス」の再生産の例として、オレンジ・オーダーとオレンジ・パレード、およびイギリスのシンボルについてみてゆきたい。

まず、ユニオニズムにとって重要な意味をもつのが、オレンジ・オーダー（Orange Order）である。オレンジ・オーダーは、八万から一〇万の党員数を誇り、各地に支部をもつ北アイルランド最大のプロテスタント組織で、一七九五年、アーマー州で起きた「ダイアモンドの戦い」でのプロテスタントとカトリックの衝突をきっかけに結成された。[13] その信条的基盤は、一六九〇年のボイン河の戦いにおけるウィリアム三世（オレンジ公ウィリアム）の勝利であり、毎年七月一二日にはその勝利を記念した行進が北アイルランド各地でおこなわれる。

ホーム・ルール危機のさいにはユニオニズムの立場をとり、ユニオニスト党の事実上の創設は、一八八六年のウェストミンスター議会において議員を務めていた七人の会員によるものだった。また、北アイルランドの歴代首相は、ほとんどがオレンジ・オーダーの党員でもある。このオレンジ・オーダーは、プレズビテリアン、アイルランド国教徒など、北アイルランドにおけるプロテスタンティズムの異なる宗派を結びつけ、ユニオニスト党への支持を結集させてきたことで、ユニオニスト支配体制の維持に貢献してきた。

オレンジ・オーダーによる恒例の七月一二日のパレードは、年間数千にのぼるプロテスタント・パレードのうち、最大規模を誇る。これは、一六九〇年のボイン河の戦いにおける、カトリックのジェイムズ二世に対するプロテスタントのウィリアム三世の勝利を、「イギリスの制度のもとで、プロテスタントの宗教的・市民的自由が保証された輝かしい瞬間」として記憶＝表象するものである。その日に向けて、何週間も前から楽隊《バンド》や行進の練習がされ、プロテスタント地区では、ユニオン・ジャックの赤・白・青や、プロテスタント／ユニオニストのシンボルカラーであるオレンジなどの色彩を用いて、さま

写真13　シャンキル・ロードにはためくユニオン・ジャック（筆者撮影）

ざまな飾り付けが施される。このカトリックに対する勝利の歴史的な記念日を祝うパレードは、プロテスタントにとってはけっして欠かすことのできない、数百年にわたって繰り返しおこなわれてきた自らのアイデンティティのシンボルとなっている。

イギリス国旗のユニオン・ジャックは、ユニオニストにとって、王冠と制度、イギリス的な生活様式への忠誠とそこにおける伝統、連合王国において暮らしたいという要望を象徴するものであると同時に、北アイルランドに対して主権を行使できる機構を表象してもいるため、統一アイルランドという危機から自らを保護してくれるという感覚を呼び起こすものでもある。また、第一次・第二次世界大戦中には、そのもとで戦った「神聖な」象徴ともみなされる[14]。ベルファストのプロテスタント居住区では、家々の玄関の上や、通りの頭上にユニオン・ジャックを掲げた光景が数多く見られる(15)(写真13を参照)。

王冠に対する忠誠という、ユニオニストにとっての文化的重要性は、一九五四年の「国旗および紋章(の掲揚)法」の通過にあらわれている。この法律は、北アイルランドはプロテスタント、アイルランドの一部であるのと同じく「ロイヤル・ブリティッシュ」でもあるというユニオニストの主張に、シンボリックかつ法的な実質を与えた。イギリスに忠誠を誓う臣民は、イギリス国旗の掲揚の合法性においてあらゆる保護を受けることになったのである。それに対して、この法律の第二条は、アルスター警察によって、衝突の契機となりそうな公的空間におけるあらゆる紋章の除去を定めており、これは結果的にカトリック/ナショナリストによるアイルランド共和国旗の掲揚に圧力をかけることとなった。

さらに、ユニークな例としては壁画がある。プロテスタント居住区を中心とした家々の壁には、歴史的場面、政治的スローガンや、諷刺、紛争で死亡した武装組織のメンバーへの哀悼などが、関わりのあるシンボルとともに描かれている(写真14–16を参照)。とりわけ一六九〇年のオレンジ公ウィリアム(ウィリアム三世)のボイン河の戦いにおける勝利の場面は、プロテスタント・アイデンティティの拠りどころとして数多くの壁画の題材となっており、またその名前にちなんで、「オレンジ」はユニオニストのシンボル・カラーとされている。

ユニオニストにとっては、自分たちのシンボルを公共の場に設置し、なおかつそれがあらゆる人びとに受け入れられるということがもっとも重要になってくるが、そこには、ユニオニストの「包囲の心理」が深く関わっている。北アイルランドのユニオニスト/プロテスタントにおける、「ブリティッシュネス」への忠誠は、連合王国のどこよりも熱心だといえる。これは、外部から見て容易に識別できる

写真14　ボイン河の戦いで勝利するウィリアム3世の壁画（筆者撮影）

写真15　アルスター義勇軍（UVF）の壁画（筆者撮影）

写真16　女王への忠誠を誓う壁画（筆者撮影）

象徴を十分に使うことによって、自らの「ブリティッシュネス」を一貫して主張する行為であり、このような文化的シンボルを用いた忠誠の表現は、イギリスの彼らに対する無関心からくる保証のないアイデンティティを充足させる手段でもある[16]。

形式を通じた自己確認の作業は、内部に向かっては文化という言説を通じた「ブリティッシュネス」の確認であり、イギリスに向かってはブリティッシュネスの構成員としてのアピールになるが、カトリック／ナショナリストに向かっては支配と優位の誇示・威嚇として作用する。一九六〇年代以降の北アイルランド情勢の悪化にともなって、毎年の七月、八月のパレードは、カトリック地区での行進をめぐって、たびたび紛争を激化させる契機をつくりだしてきた。

ところで、こうしたユニオニストにおける「ブリティッシュネス」の再生産について留意

写真17　黒のスーツ，山高帽，サッシュを着用したオレンジメンによる「典型的な」パレードのイメージ（筆者撮影）

写真18　Tシャツ，サングラスでパレードに参加するバンド（筆者撮影）

写真19　バンドの演奏にあわせてリズムをとる見物人（筆者撮影）

写真20　パレードの「サポーター」である少女たち。ユニオン・ジャックを腰に巻き，北アイルランドのプロテスタントが熱烈に支持するサッカーチーム「グラスゴー・レンジャーズ」のＴシャツを着ている（筆者撮影）

すべき点をあげておこう。ひとつは、このような表象行為が、ユニオニスト全般において等しくみられるものではないということである。ユニオン・ジャックがずらりと風になびき、そこかしこに壁画が立ち並ぶといった光景は、主として、都市部のプロテスタント労働者階級の居住区に特徴的なものである。もうひとつは、こうした「ブリティッシュネス」のシンボルが、「山高帽を被った頑固者（bigots in bowler hats）」といわれるようなオレンジ・オーダーを中心とした、伝統的で堅苦しいイメージのなかでのみ再生産されているわけではないということである。パレードに参加する楽隊《バンド》の衣装や演出、また見物のスタイルは多様であり（写真17－20を参照）、むしろ、シンボル化がこのようにさまざまな形式をとることで、ユニオニストにとっての「ブリティッシュネス」の再生産は、面々と受け継がれてきたのだともいえる[17]。この両方の点が、ともすれば見落とされがちなのは、メディアが伝える一面的なイメージの果たす役割が大きいと考えられる[18]。

二　ユニオニストの疎外

北アイルランド紛争が激化するにつれ、イギリス、とくにイングランドにおいては、ＩＲＡなどの武装組織への非難が強まる一方、ユニオニストの「非妥協的」で「偏狭な」ふるまいへの否定的な評価が強まった。多くのユニオニストは、イギリスにいる多くの人びとが、彼らのカトリックに対する攻撃を「非イギリス的（Un-British）」であるとみなしていることを受け入れられずにいた。アルスター防衛協会はその機関誌において、イギリス政府の閣僚が、プロテスタント地区の住民がイギリス駐留軍と衝突していることを「非イギリス的な行為」と呼んだことに対して、イギリス臣民が死に、また、手足を失っているのを黙ってみていることこそ「非イギリス的」であり、民主的に選出された代表からなる自治政府を停止させたことこそ「非イギリス的」であり、イギリス臣民による抗議を粉砕するためにイギリス軍を使うことこそ「非イギリス的」である、と主張している[19]。

ユニオニズムにおける「ブリティッシュネス」は、ブリティッシュネスが抱えるさまざまな矛盾や問題を露呈させる。ユニオニストの不安定な位置は、その「包囲」された状況において、ブリティッシュネスが隠しもつ差別性・抑圧性を暴露し、まさにそのことによって、イギリスから無意識に拒絶されている。しかし、こうしたイギリスによる北アイルランド、ユニオニストの除外こそ、強烈なイングランド・ナショナリズムの証拠にほかならない[20]。マイケル・イグナティエフが、「ナショナリズムとは外国人のみがかかる病気であるとする見方は、何世紀ものあいだ、英国では帝国支配の理論的根拠であった」と批判的に述べているように[21]、「われわれはナショナリズムとは無縁である」というイギリス人の意識は、自らを「無徴」とみなすその方法において、もっともレイシズムをはらんだものとなる。この意味で、ユニオニズムはブリティッシュネスの本質を映し出す鏡なのである。

ところで、ユニオニストがイギリスに疎外されるもうひとつの原因がある。ユニオニストが「もっとも真正なる」ブリティッシュネスを体現していると自認する一方で、イギリス本土におけるブリティッシュネスは、「大英帝国」の喪失、世俗化によるプロテスタンティズムの影響の希薄化、大量の（とくに「非白人」）移民の流入、ヨーロッパ連合（EU）という新たなアイデンティティの登場といった現実において、急速に変容を迫られ、その意味が問いなおされている。

そして、ブリティッシュネスの希薄化にともなって、ブリティッシュネスがイングリッシュネスに置き換えられるような場面が生じてきたのである。歴史的にみれば、もともとブリティッシュネスはスコットランド人の要請によって創造されたものであり、イングランド人にとってはそれほど必要性をもたなかった。こうした温度差への不満は、ユニオニストの歴史家A・T・Q・ステュアートの「ブリティッシュネスは単にイングリッシュネスを大文字であらわしたものではない」、「連合王国はイングランドとイングランド人の慰めと保証のために存在しているという仮定ほど、アルスターの人びとを苛立たせるものはない[22]」という言葉にもよくあらわれている。スコットランド人とアイルランド人がしばしば自らの運命をブリテンという枠組みにおいて考えることを強いられてきた一方、イングランド人は連合を戦略的な協定としてみなしつづけてきた。より広範なブリティッシュ・コミュニティの概念に対する感情的なコミットメントは、つねに中心――イングランド――においてはもっとも弱かったのである[23]。

連合王国内における地域アイデンティティの高揚の背景として、こうしたブリティッシュネスの希薄化・イングランド化があると思われるが、北アイルランドにおける独立主義は、直接統治以降その姿をみせはじめたものの、北アイルランド成立時から現在にいたるまでの「包囲の心理」が大きく影響しているためか、けっして主流にはなりえていない。なぜなら、統一アイルランドへの吸収という大きな脅威に対抗するにはブリティッシュネスという大きな後ろ盾が必要であるし、独立北アイルランドにおいてカトリックと共同体を形成することへの抵抗感も根強いためである。

北アイルランド成立後のユニオニストは、自らの王冠と帝国に対する忠誠を執拗に強調しつづけたが、それは急速に変化しつつあるイギリス社会から、しだいに彼らを遠ざけるだけのものとなっていった。ユニオニストがしがみつくブリティッシュネスそのものから、ユニオニストは疎外されているという点で、ブリティッシュネスはユニオニストの不安定な地位の保証となりえていないのである。ユニオニストがことあるごとに強調する「ブリティッシュネス」とは、もはや、ユニオニストの幻想なのかもしれない。

三　ユニオニズムの転換

このような、「包囲」された「ブリティッシュネス」ともいえるユニオニストのナショナル・アイデンティティにおける緊張は、一九八五年のイギリス゠アイルランド協定のさいにピークを迎える。ここでは、北アイルランド問題に新たな局面を切り開いたイギリス゠アイルランド協定が、ユニオニストのナショナル・アイデンティティにとってどのような意味をもち、また、ユニオニズムのありかたにどのような影響を与えたのかを考えてみたい。

一九八五年のイギリス゠アイルランド協定

イギリス゠アイルランド協定は、一九六〇年代末以降数多くの犠牲者をだしてきた北アイルランド紛争の「解決」をめざして、イギリス政府とアイルランド共和国政府のあいだで調印されたものである。

イギリス政府は、一九七二年の北アイルランド直接統治以降、これまでのユニオニスト支配体制に代わって、ユニオニストとナショナリストの「権力分有《パワー・シェアリング》」にもとづいた北アイルランド行政府の発足をめざしてきた。しかし、数度にわたる試みは、ユニオニスト側の強硬な反対や、ユニオニストへの譲歩がナショナリスト側の反発を招くといったかたちで軌道に乗ることなく、失敗に終わった。

一方、イギリスにとってもうひとつの課題であった「テロリズム」対策において、一九七六年に導入された、政治犯を通常の刑事犯と同様に取り扱うという政策は、自らを「政治犯」とみなすIRAの強い反発を招き、一九八〇年のボビー・サンズを中心とする獄中でのハンガー・ストライキ闘争にいたる。一九八一年四月にボビー・サンズが獄中からイギリス下院の補欠選挙で当選を果たし、二カ月後に死亡、その後も計一〇名がハンストの結果死亡するという事態のなかで、イギリス政府はなおも強硬な姿勢をとりつづけたため、IRAへの世論の同情は高まり、IRAの政治組織部であるシン・フェイン党(Sinn Féin)[24]は、翌年の北アイルランド議会選挙で多くの票を集めた。

一九七〇年に公民権運動の活動家を中心として結党され、和解と合意によるアイルランド統一を目標として暴力反対路線を掲げていたナショナリスト穏健派の社会民主労働党(SDLP)は、北アイルランドのカトリックのあいだでのIRA支持の増加、シン・フェインの選挙での躍進に危機を感じ、北アイルランド和平に向けて独自の動きをとりはじめた。北アイルランド問題へのアイルランド共和国の制度的な関与を求めつづけてきたSDLPの提案に共和国の主要政党が応じ、一九八三年四月に新アイルランド・フォーラムが設立される。その後数十回におよぶ公式・非公式の会合を経て、北アイルランド問題の解決策を提案した報告書が発表された[25]。

この報告書で提案された問題の解決策、すなわち、①両コミュニティの合意による統一、②連邦制アイルランド、③イギリスとアイルランドによる共同統治などに対するイギリス政府の反応は、一九八四年一一月におこなわれたイギリス゠アイルランド首脳会談後の会見において、当時のイギリス首相マーガレット・サッチャーがそのすべてを退けたことに象徴されるように芳しくないものであった[26]。しかし、ＩＲＡが活発に活動するなかでの治安維持という課題や、アメリカ合州国・ヨーロッパ共同体（ＥＣ）からの圧力や支援などを背景に、その後両政府間では秘密裏の交渉がすすめられていった。こうして、一九八五年一一月一五日、ベルファスト郊外のヒルズバラ城にて、イギリス首相サッチャーとアイルランド共和国首相ギャレット・フィッツジェラルドによってイギリス゠アイルランド協定が調印されたのである。

北アイルランドにおける平和と安定、アイルランドにおける二つの伝統の和解、新たな友好関係の創造、「テロリズム」との闘いにおける協力を押しすすめることを目的としたこの協定の主眼は、以下の二点にあるといえる。

第一は、北アイルランドの地位に関してである。第一条では、「両政府は、（a）北アイルランドの住民の多数が同意しない限り、北アイルランドの地位は変更されないことを確認し、（b）現在北アイルランドの多数の人びとが望んでいるのは北アイルランドの地位の不変であることを認識し、（c）将来において、北アイルランドの多数の人びとが統一アイルランドの確立を明らかに望み、正式に合意した場合、両政府はその要望を実現するための立法をそれぞれの議会と法律において導入・支援することを宣言する」ことが明記されている[27]。

第二は、イギリス＝アイルランド間における「政府間協議会」の設置である。第二条では、イギリスとアイルランド共和国とのあいだで、とくに北アイルランドに関する政治的事項、治安およびそれに関する事項、司法の運営を含む法律上の事項、国境を越えた協力関係について、協議する機関を設けることが定められた。

イギリス＝アイルランド協定の影響

イギリス＝アイルランド協定は、北アイルランド問題の「解決」に向けてこれまでにない画期的な方策として、イギリス、アイルランド共和国をはじめ広く国際社会からも評価された。しかし、北アイルランドにおいてこれを認めたのは、協定を「和平と妥協の第一歩」とみなすＳＤＬＰのみで、ほかの政党からは、彼らの頭越しにイギリス・アイルランド両国の政府間だけで合意されたものとして、強い反発を招いた。ナショナリスト、ユニオニストの双方に譲歩しようとしたことによって生じた協定の「曖昧さ」も、その原因であったといえる。たとえば、将来における変化の可能性を示唆しながらも、現在の北アイルランドの地位を認める第一条は、ナショナリスト強硬派のシン・フェインにとっては、「南北分断を固定化するもの」と受け取られ、ＩＲＡは抗議の爆破活動を北アイルランドおよびイギリス本土でおこなった。

だが、何にも増してこの協定は、北アイルランドのユニオニスト全般に大きな衝撃を与えるものであった。その心境は、前述したユニオニストの歴史家であるステュワートの記述に、よくあらわされている。少し長くなるが、以下に引用しておこう。

アルスターのプロテスタントにとって、すべては一九八五年一一月一五日に突如として変わってしまった。恐ろしく、また、ありがたくない義務が生じたのだ。突然、ユニオニストどうしの口論は止んだ。もはや誰もユニオニストについては口にせず、プロテスタントのことだけを語りだした。二〇年前、われわれは議会と政府と国家（のようなもの）を連合王国内にもっていた。紛争（より正確には、紛争に対するイングランド人の反応と紛争の真の原因に対する根本的な誤解）は、われわれから、自治政府を奪った。一九七二年にはエドワード・ヒースが、われわれから議会を奪った。そしてこんどはサッチャー首相が実際、われわれから故郷を、あるいは、少なくともそれがどのように統治されるべきかについて何らかの口をはさめる権利を奪ったのである。すべてのアルスターの問題を、プロテスタントのせいにして非難するイングランド人の習慣はあまりにも根深いために、二〇年近くのあいだ、イングランド人がアルスターを治めていたという事実にもかかわらず、それはいまなおつづいている。間違えないで頂きたい。プロテスタントは、協定が失敗に終わったときにでさえ（そうなるべきであるが）、まだなお非難されるだろう。（中略）見張りが見捨てられた要塞の廃墟から外をじっと眺めると、平原から幽霊のような軍隊が襲いかかってくるのが見えるだろう。政治家、報道機関、密集した司祭の一団、ヨーロッパ経済共同体、そしてその背後には、何列もアイルランド系アメリカ人がいて、その鞄袋にはドルが一杯に詰まっているのだ(28)。

ユニオニスト政治家にとっては、何か政治的な変化の兆しを感じていながらも正確な情報を与えられていなかったことによって、この衝撃はいっそう強いものとなった。イギリス政府とアイルランド共和国政府が水面下で協定への準備をすすめているなかで、サッチャー首相に提言をおこない、また、親しいイギリスの保守党議員たちから、ユニオニストの地位を脅かすような協定はありえないと聞かされていたUUP党首のジェイムズ・モリニューは、つぎのように述べている。

ひとりのアルスター市民として、私たちは甚だしく裏切られたのだと感じた。裏切り者、つまりイギリス政府の役人たちは、これまでどの政権もおこなわなかったようなことを、おかまいなしにつぎつぎとやってのけるのだろう。そうした影響は首相にもおよび、首相は原則を譲らざるをえなかったのだ。私は途方もなく悲痛な思いだった。戦時中に私が払ったかもしれないほんの少しの犠牲を抜きにしたとしても、北アイルランドから戦場に赴き、殺されていった親しい友人、なかには私のすぐそばで殺された者もいたが、そうした何十人もの友人たちのことを思い出さずにはいられなかった。人は自らに向かってこう語りかけるだろう。「そうか。これがその報いというわけか」。そのときの私の気持ちは、北アイルランドにおけるごく普通のユニオニストの市民とまったく同じものだった。(29)

また、UUPとは路線を異にしながらも、協定反対行動においてはモリニューと結託したDUP党首のイアン・ペイズリーは、協定が示したアイルランド共和国の北アイルランド問題への関与について、つぎのように述べている。

われわれは、問いたい。そして、それは非常に簡潔な問いだ。テロリストたちはどこからやってきて活動を開始するのか？　アイルランド共和国である。テロリストたちは彼らの聖域としてどこに戻ってゆくのか？　アイルランド共和国である。そうであってもなお、サッチャー首相は、アイルランド共和国がわれわれの土地に口を出す権利があると言っているのだ(30)。

こうしたユニオニスト政治家のイギリス＝アイルランド協定反対への姿勢は、一般のプロテスタント・コミュニティにおいても同様であり、世論調査ではプロテスタントの七五－八〇パーセントが反対を表明した(31)。

イギリス＝アイルランド協定が意味するもの

ではこうしたユニオニストの反対は、イギリス＝アイルランド協定に対するどのような解釈にもとづいているのだろうか。一九二一年の北アイルランド成立以来、「包囲の心理」のもとで自らの地位の保証に努めてきたユニオニストにとって、この協定は二つの意味で衝撃的な内容であった。

第一は、北アイルランドの地位について述べた第一条の解釈をめぐってである。北アイルランド住民の多数が同意しない限り北アイルランドの地位は変更されないことをうたったあとで、第一条（b）でわざわざ、現在の住民の多数派は北アイルランドの地位の変更を望んでいないことを確認しているのは、イギリス政府のユニオニストに対する配慮であった。しかし、ユニオニストにとって、この第一条は、北アイルランドの地位について新たに何の確実な承認も加えられていないことによって、むしろ連合王国における北アイルランドの地位を脅かすものと映った。一九七三年のサニングデール協定でイギリス政府が「北アイルランドの多数派の住民の意思を支持することは、これまでも、そして将来においてもイギリス政府の政策である」こと、そして「現在の北アイルランドの地位は連合王国の一部である」と宣言していたのと比較するなら、将来の北アイルランドの地位を決定するにあたってのイギリス政府の位置づけは、これまででもっとも弱められている。(32)そして、「多数派の住民の意思」が変化しうること、つまり統一アイルランドへの可能性を示唆している点においては、彼らにとって北アイルランドの将来を決める権利を手にするというより、その権利を奪われるものであった。

第二は、第二条にあるアイルランド共和国の北アイルランド問題への関与の解釈をめぐってである。これまで北アイルランド問題を「国内問題」とみなし、アイルランド共和国の干渉を拒んできたイギリスが、北アイルランドへのアイルランド共和国の関与を制度的に認めたのは、一九二一年の北アイルランド成立以来、はじめてのことであった。アイルランド共和国に北アイルランドの内政問題についての政府間協議に加わる権利を与えたということは、北アイルランドにおけるイギリスの主権を弱めるものであり、この意味で、北アイルランドは連合王国における他のイギリス臣民と同様の扱いを受けることを否定されたと受け取られたのである。そして、アイルランド共和国の北アイルランド問題への介入が認められたということは、ユニオニストにとっての最大の恐怖である「統一アイルランド」への大きな前進と映ったのである。

イギリス＝アイルランド協定に対するユニオニストの抗議は、「アルスターは拒否する（Ulster Says No）」の横断幕が北アイルランド中の地方自治体の建物に掲げられるなか、大きな広がりをみせた。協定が結ばれた一週間後の一九八五年一一月二三日には、一〇万から二〇万人といわれる人びとが、ベルファストのシティ・ホール前でおこなわれた反対のデモに参加し（図版3を参照）、モリニューとペイズリーはともに、断固たる抵抗と、ユニオニストの団結を呼びかけた。つづいて、ウェストミンスター議会に議席をもつ一五人のユニオニスト議員すべてが、抗議を表して辞職した。その後の補欠選挙では、四一万八二三〇票が反協定の政党に投じられている。

翌年の一九八六年三月三日には、ユニオニストの「行動の日（Day of Action）」として、多くの北アイルランドの商業と産業においてゼネストが実施された。その混乱のなかで、ベルファストのプロテスタント地区で暴動が起こり、ロイヤリスト武装組織がアルスター警察を狙撃した。これをきっかけに武装組織と警察との緊張は高まり、五〇〇名以上の警察官の自宅が襲撃され、およそ一五〇家族が住んでいる場所を移らざるをえなくなった。また、一九七七年以降停止されていた武装組織によるカトリック・コミュニティへの殺人キャンペーンがふたたび開始された。

しかし、ユニオニストによるこの反協定運動は、思ったほどの成果をあげることなく、数年後には下火になっていった。たとえば、一九八六年一月の補欠選挙では、総得票数の四三・九パーセントが反協定派の政党に投じられたものであったとはいえ、目標の五〇万票にはとどかず、また、ニューリーとアーマーの議席はＳＤＬＰに奪われている。くわえて、イギリス本土での反協定のキャンペーンも盛り上がらず、イギリス本土に暮らす人びとにおける、北アイルランド問題およびユニオニストに対する無関心さをさらけだすものとなった。

ここであらためて、ユニオニズムにとってイギリス＝アイルランド協定がどのような意味をもつもの

THE ORANGE STANDARD

December 1985– January 1986 20p

203,000 TIMES "NO"!

図版3　1985年のイギリス＝アイルランド協定への抗議運動を報じる紙面

であったかを確認しておきたい。

まず、ユニオニストにとって協定の調印は、北アイルランドの頭越しにおこなわれた行為であった。協定に向けての両政府の交渉が、ユニオニストとの協議や彼らの同意を求めることなく、いわばユニオニストをまったく排除したかたちでおこなわれたことは、自分たちが連合王国内の市民として平等な扱いを受けていないという認識を深めるものとなった。

つぎに重要なのは、協定調印までのプロセスにおけるイギリス政府の姿勢である。SDLP党首のジョン・ヒュームは、この協定においてイギリスはいまや連合維持に関しては「中立」の立場となり、ナショナリストにとっても受け入れ可能な北アイルランド問題解決策のための説得者となりえるかもしれない、という解釈を示した(33)。こうしたイギリス政府の部外者・調停者としてのふるまいは、北アイルランドをアイルランド共和国に売り渡し、同じ連合王国の市民であるはずのユニオニストを見放す「最大の裏切り」と受け取られた。

この「裏切られたという意識(a sense of betrayal)」からくるイギリスへの不信、そして北アイルランドが統一アイルランドに向かってゆっくりと動き出していることへの恐怖は、ユニオニズムに大きな転換を迫るものとなった。すなわち、ユニオニストにとってイギリス＝アイルランド協定は、自らの将来について、もはやイギリス任せにするのではなく、自分たちの力で何とかしなければならないということを認識させられる契機であったのだ。

こうした「最大の試練」を経験するなかで、ユニオニストは、これまでの「連合維持」という主張の中味を分裂させてゆくことになるのである。

「新しいユニオニズム」の登場

ユニオニストのイギリス＝アイルランド協定反対キャンペーンが、イギリス政府に協定を覆させるまでの影響力をもちえなかったという政治的失敗は、ユニオニスト陣営の分裂を招いた。

ユニオニストの分裂そのものは、一九八五年のイギリス＝アイルランド協定以前からすでにはじまっていたといえる。一九六九年に開始された北アイルランド紛争は、ユニオニズムに傷をつけ、ばらばらにした。ユニオニストは、紛争を引き起こす契機になったカトリックの公民権要求の問題に対して自らを弁護しながらも、自分たちの状況を筋の通ったものとして、また、部外者からの同情を得るような言葉を用いて説明しようと苦闘することになる。一九七二年の北アイルランド議会の停止のさいには、連合王国との完全な政治的統合を望む者、北アイルランド自治の回復を望む者、そしてイギリスによる直接統治という事態に憤慨し、むしろ独立アルスターを志向する者というように、ユニオニストの政治目的における意見の分裂は強まった。(34)

こうした状況のなかで、プロテスタント・ミドルクラスの大半は政治から身をひくことを選び、ユニオニストの主張に民主的で自由な色彩を加えるのにふさわしい、統合主義や市民的平等といった問題を十分に議論しなかった。(35) 他方、プロテスタント労働者階級は、彼らの姿勢や行動を「偏狭」なものとしてステレオタイプ化され、さらに疎外されていった。(36)

しかしイギリス＝アイルランド協定は、ユニオニストにとってもはや予断を許さない状況であった。イギリスに頼るのではなく、北アイルランドにおける地位の保障に向けて自らが立ち上がらなければならない一方で、ユニオニズムに対する「理解」を少しでも多く訴える必要性が、ますます高まったのである。

こうしたなかで、ユニオニズムにおける新たな潮流として登場したのが、UUPから分離してつくられた、ロバート・マッカトニー率いるグループの「市民的平等に向けてのキャンペーン（CEC）」である。この運動は、北アイルランドの連合王国への完全統合を掲げ、北アイルランドにイギリスの主要政党――労働党、保守党、自由民主党――の地方支部を形成することを具体的な目的としていた。(37) マッカートニーは、北アイルランドのイギリス臣民は、これまで北アイルランドにそうした組織がなかったために、自らの日常生活に深く関わるイギリス政府の政策に対して影響力をもつことができなかった、と考えていた。(38) もし北アイルランドに主要政党の支部が組織されれば、北アイルランドにおける政治の性質は、宗派にもとづいた乱闘から階級にもとづいた問題へと転換する、と主張したのである。(39) この訴えは、「すべてのイギリス臣民に同様の権利を！（Equal British Rights for All British Citizens!）」というフレーズによって、モリニューらほかのユニオニスト政治家によっても主張されていたが、興味深いのは、このスローガンがまさに、一九六〇年代末にヒュームらが公民権運動のなかで用いていたものだったことである。(40)

このようなユニオニスト政治家の背景にあったのが、ユニオニストの知識人たちの存在であった。(41) 一九八〇年代に展開されたこれらの知識人たちによる議論は多岐にわたり、主張の媒体も異なるが、共通しているのは、グレート・ブリテンと北アイルランドとの連合の支持と、連合維持の主張を知的議論に耐えうるものとして明快にし、人びとに向けて伝達するという決意表明である。彼らの動機は、彼らがナショナリストの解釈やプロパガンダであるとみなすものを効果的に攻撃すること、そして、北アイルランド内外における自らの権利にもとづいて、ユニオニズムの肯定的な内実を発展させることであった。こうして「インフォーマルでゆるやかにつながった知識人グループ」が、広範なユニオニストの運動に貢献し、その戦略とイデオロギーに携わることとなり、ユニオニスト若年層やロバート・マッカートニー、デイヴィッド・トリンブルといった政治家に影響を与えていった[42]。

こうして、ユニオニズムがその政治的危機を背景に分裂・多様化してゆくなかで、「新しいユニオニズム[43]」と呼びうるものが登場してきたのである。このユニオニズムの分裂・多様化は、ユニオニズムの表象をめぐる変化・多様化を促すものでもあった。次章でとりあげるアルスター協会の活動も、ちょうどこのユニオニズムの転換期に登場した、新たなユニオニスト・アイデンティティの模索の試みであった。

第5章　迷走するマジョリティ

一九八五年のイギリス゠アイルランド協定の衝撃は、ユニオニズムの分裂・多様化を促進するとともに、ユニオニズムをめぐる新たな自己表象の戦略の必要性を高めた。この課題にいちはやく目をつけたのが、のちに「聖金曜日合意」の立役者となり、二五年ぶりに復活した北アイルランド自治政府の初代首相に就任するデイヴィッド・トリンブルである。ここでは、彼が中心となって設立されたアルスター協会による試みに焦点をあてる。

一 アルスター協会の設立

アルスター協会は、一九八五年六月二五日に東ベルファストのパーク・アヴェニュー・ホテルで開かれた発足集会を受け、このときの参加者約六〇名を創設メンバーとして、同年九月二八日に設立された。(1)北アイルランド中部のラーガンに本部が、(2)またバンブリッジに支部が設置された。

アルスター協会の目的は、その正式名称である‘The Ulster Society for the Promotion of Ulster-British

Heritage and Culture'に端的にあらわされている。「アルスターの独自の文化と伝統（言語、演劇、詩、音楽、民俗習慣、シンボル、歴史）の促進」をねらいとしたこの団体の設立を、北アイルランドにおけるユニオニスト系の主要各紙は、「アルスターの伝統を奨励する新しい団体が誕生（'New group to promote Ulster's Heritage'）」[3]、「民俗的テーマについての調査・研究をおこなう協会が発足（'Society to research folk theme'）」[4]という見出しで報じている。また、オレンジ・オーダーの機関紙である『オレンジ・スタンダード』は、協会の活動の全容を紹介する特集記事を組んでいる[5]。

一九八五年の創設当初は五〇‐六〇名ほどであった会員は、一九九八年の活動報告書によれば、個人会員五六〇、団体会員四九八に増加し、北アイルランド内部では、ベルファスト、ラーガンを中心とした南東部に分布、北アイルランド以外では、アイルランド共和国、スコットランド、イングランド、オーストラリア、アメリカ、南アフリカにも広がっている[6]。北アイルランドでは、アルスター・ユニオニスト党（UUP）、オレンジ・オーダーをはじめとするいわゆる伝統的なユニオニスト層に加え、クイーンズ大学にも支部をもつなど若年層を取り込んでもいた。

このアルスター協会の創設に深くかかわり、一九八五年から一九九〇年まで会長を務めたのが、一九九五年にUUP党首となり、一九九八年には和平合意を経て成立した北アイルランド自治政府の首相となるトリンブルであった。

「危機」の感覚とトリンブルの思想

一九四四年に、プロテスタント系が多数を占める北アイルランド東部ダウン州のバンガーに生まれたトリンブルは、幼いころから学業にすぐれ、読書を好み、なかでも歴史に強い関心を寄せていた。土地登記所に務めるかたわら、ベルファストのクイーンズ大学で法学を学び、その後学位を取得して同大学で講師として教壇に立っていた一九六〇年代末から七〇年代初めは、カトリックを中心とした公民権運動の高まりのなかでナショナリストとユニオニストの暴力的な衝突がたび重なり、北アイルランド情勢が大きなうねりに巻き込まれていった時期だった。トリンブルは、その時点ではまだ政治の傍観者であった。しかし、一九七二年のイギリスによる北アイルランド直接統治を契機とした、ユニオニスト全体に広がる危機感のなかで、トリンブルは政治の世界に参入してゆくことになる。

トリンブルは、大学で学生たちに法学の講義をつづける一方、その才能を買われて、テレンス・オニール政権下で内務大臣の職を解かれたウィリアム・クレイグが一九七二年に創設した圧力団体である、アルスター・ヴァンガード（Ulster Vanguard）(7)の幹部に引き入れられる。ヴァンガードで政情分析やパンフレットの作成などのブレーンとして活躍してゆくなか、トリンブルはほかのユニオニスト強硬派の組織においても、一九七四年五月のアルスター労働者評議会（ＵＷＣ）のストライキや「権力分有《パワー・シェアリング》」による連立内閣への抗議活動などを成功に導いた存在として、重要性を増していった。

しかし、トリンブルがめざしていたのは、武装組織や、北アイルランド議会の停止という事態を招きながらも有効な策を講じえないユニオニストの保守派や、プロテスタント原理主義にもとづいて扇動的な活動をおこなう民主ユニオニスト党（ＤＵＰ）党首のイアン・ペイズリーらと異なって、暴力的手段によらない政治の進展であり、イギリスの政策によらない任意の連立政権樹立に向けてのＳＤＬＰとの協力関係であった。

一九七二年の直接統治以降、ジェイムズ・モリニューを中心とするＵＵＰの保守派のあいだでは、連合王国における完全な統合を求める統合主義（integrationism）が強まっていた。ユニオニズムとナショナリズムの協力関係にもとづく政府をめざしていたトリンブルからみれば、モリニューらの統合主義は、カトリックとの権力分有を承諾できないユニオニストにとっての都合のよい仮面としか映らなかった(8)。

一九八四年、イギリスとアイルランド共和国の両政府は、北アイルランド問題の解決におけるアイルランド共和国の関与をめぐって交渉をつづけていたが、ＵＵＰ党内の統合主義者たちは、アイルランド共和国政府の動きに気をつけるべきだとするトリンブルの警告に誰も耳を貸さなかった。一一月のイギリス＝アイルランド首脳会談後の会見で、マーガレット・サッチャー首相が、新アイルランド・フォーラムの報告書で提案された北アイルランド問題解決のための三つの選択肢を「却下！　却下！　却下！（'Out! Out! Out!'）」と断固拒否し(9)、アイルランド共和国のフィッツジェラルド首相を激怒させたという報道は、モリニューたちを大いに喜ばせた。しかし、トリンブルはこの会見をまったく別の角度からみていたという。彼はそのときのことを、つぎのように回想している。

あの記者会見で、誰かがサッチャーに、統一アイルランド、連邦制アイルランド、そして三つめの提案について質問をおこなった。彼女は三つめの選択肢が何だったか思い出せず、そばにいた者が彼女に耳打ちするのが聞こえた。そして彼女は、「それも却下」と言ったのだった。サッチャーはけっして、「却下！　却下！　却下！」とは言っていなかった。私の頭から離れなかったのは、彼女が、フォーラムでどのような提案が出されていたのか、その全体をよく知らなかったということである。これは、フィッツジェラルド首相との会談が、実際のところフォーラムの提案についての話し合いではなかったということである。これは何か別のことについてのものだったのだ。そして私は首脳会談後に出された声明を読んで、両政府のあいだで、文化的事項、アイデンティティの問題、それ以外のことを含んだまったく別のことが進行しているのではないか、というヒントを得た。私は、両政府が何か取引をしようとしているのだ、と言ったのを覚えている。(10)

翌年の一九八五年一一月の両政府によるイギリス＝アイルランド協定の調印は、このときのトリンブルの分析が正しかったことを証明するものとなった。

トリンブルが注目したイギリス＝アイルランド首脳会談の声明における「ナショナリストの文化とアイデンティティの尊重」への言及は、彼に文化とアイデンティティについての新たな認識を与えることになる。すなわち、この声名にもとづいて、ゲール語、ゲーリック・スポーツ、音楽、ダンスなどのナショナリストの文化を促進するために、両政府の協調関係において何らかの財政的援助がおこなわれるようになるということである。おりしも、北アイルランドにおいてこうしたナショナリストの文化は、盛り上がりをみせているところであった。

一九八一年、獄中で一一名のＩＲＡメンバーが死亡したメイズ刑務所でのハンガー・ストライキは、アイルランド共和主義を活気づかせる重要な事件であった。このハンストは、シン・フェイン党の政治活動が飛躍する契機となっただけでなく、ナショナリストのあいだにゲール語、アイルランドの文化に対する関心を取り戻すことにもなったのである。こうしたなかでユニオニストがおかれた危機的状況について、トリンブルはつぎのように述べている。

ここ数十年間の騒がしい状況において、アルスターに暮らすイギリスの人びとの文化とアイデンティティは、いつの間にか損なわれてしまった。ユニオニスト政府下の時代にはアルスター・アイデンティティを強調し促進する政策が実施されていたが、今日ではそのアルスター・アイデンティティを弱め、ゲール的な思想を優先させる組織的な政策がとられている。その結果、われわれは混乱させられ、腐敗し、ＩＲＡとその支援者の目標である脱アルスター化への第一歩を踏み出してしまったのだ。(11)

トリンブルの言葉を借りるなら、「文化」は「新たな戦場」となったのであり、ユニオニストもまたこの新たな戦いの場において、何らかの対策を練る必要に迫られていた。ユニオニストのナショナル・アイデンティティをもっとも目に見えるかたちで表現してきたのは、オレンジ・オーダーの思想であったが、トリンブルは、アイルランド文化をめぐるイギリス＝アイルランド共和国政府主導のどのような政策も、オレンジ・オーダーを通じておこなわれることはないだろう、と的確に判断していた。(12)したがって、ユニオニストが「文化」をめぐる戦いに参入するためには、北アイルランド成立以降、ユニオニストの支配体制を維持しつづけてきた歴代のユニオニスト政治家と密接に結びついたオレンジ・オーダーではなく、宗派にもとづかない（non-sectarian）、非政治的な（non-political）活動の場を必要としたのである。こうしてトリンブルは、アルスター協会の設立に向けて動き出すこととなった。

アルスター協会の担い手

トリンブルの新たな試みは、UUPの政策路線では満足しきれなかったユニオニスト、とくにユニオニストの若年層をおおいに魅了した。ここで、アルスター協会の運営における中心的なスタッフの顔ぶれをみてみよう。

まず、副会長に就任したのが、アルスター大学教授のアントニー・アルコックである。ヨーロッパ研究の専門家である彼は、ペイズリーなどのユニオニスト強硬派とは異なってイギリスのヨーロッパ経済共同体（EEC）加入に好意的な姿勢をみせていたウィリアム・クレイグの思想に共鳴し、クレイグの組織であるヴァンガードのメンバーに加わっていた。同時期にヴァンガードで活躍していたトリンブルとは旧知の仲であった。

つぎに、総支配人のロニー・ハンナは、クイーンズ大学で近代史を専攻し、一九八二年に修士号をとったばかりの若き歴史研究者であった。アルスター協会の機関誌『ニュー・アルスター（*New Ulster*）』にはたびたび歴史的な題材を扱った記事を執筆し、毎号掲載される協会の活動報告は彼が担当していた。

総秘書と教育担当の役職に就いたゴードン・ルーシーは、クイーンズ大学大学院で歴史学を専攻しており、アルスター協会に惹きつけられた若きユニオニストたちのなかで、もっとも熱心なメンバーであった。彼にとってアルスター協会は、「ユニオニストの政治における生き生きとした、刺激的な、新鮮な活力[13]」であった。彼は、ストーモントで開催された一九七五年のUUP党大会でトリンブルに初めて会っている。一九八五年三月に東ベルファストのパーク・アヴェニュー・ホテルで開かれた準備会合と、同じ場所で開かれた六月の発足集会に出席し、初期の段階からアルスター協会設立に深く携わっていた。

これらの役員のほかに、機関誌『ニュー・アルスター』の編集長および執筆者をつとめることになるアイルランド研究協会会員の歴史・文化研究者ピーター・ブルックや、エレイン・マックラーやデイヴィッド・ヒュームなど、アルスター協会の活動には、教師や学生を中心とした若きユニオニスト知識人たちが多く関わっていた(14)。

こうしてユニオニズムの転換期におけるひとつの新しい潮流として、前記の役員たちを含む二〇名のフルタイムのスタッフのもとで、アルスター協会の活動は開始された。

トリンブルが懸念していたとおり、アルスター協会設立の最初の年は、ユニオニズムにとって一九七二年のストーンモント議会の停止以来の試練の年となったが、翌年の一九八六年夏に発行がはじまった機関誌『ニュー・アルスター』の創刊の辞では、つぎのようなことが述べられている。

アルスター協会は、北アイルランドに二つの伝統が存在しているという状況において、それぞれの文化的アイデンティティを保護し促進することによって、すべての人びとの利益に向けてつくられる多元的な社会を信奉する。そのようにして、すべての市民は自らの文化的アイデンティティのもとで、居心地よく、安心していられるのだ。これは、視野の狭い、内向きの、排他的な考えなどではなく、むしろ、さまざまなアイデンティティを相互に尊重し、互いの思想や文化を豊かにするやりとりへの道をひらくものである(15)。

ここにみられるように、いわば「非政治性」「非宗派性」「開放性」をめざした協会の活動は、アルスター・プロテスタントを超えた広がりをも意図していたものだった。

では実際、彼らの活動は激動の北アイルランド情勢のなかでどのような意味をもちえたのだろうか。次項以降では、アルスター協会の活動およびその出版物の考察を通して、「文化」をキーワードとしたユニオニスト・アイデンティティの再想像／創造の試みを、北アイルランドがもつ緊張のなかでとらえてみたい。

アルスター協会の活動

アルスター協会に問い合わせをすると、入会案内のセットが送付されてくる。なかには、アルスター協会についての簡単な説明と会費および会員特典を記した入会案内のリーフレット、招待講演（invitation lectures）の講演題目リスト、巡回展示（touring exhibitions）の展示テーマのリスト、アルスター協会発行の刊行物リスト、新刊書籍のチラシが入っている（二〇〇一年当時）。

入会案内に、「アルスター協会は、本格的な軍事的・政治的な伝記から、民俗音楽・フィクションにいたるまで、アルスターに関連した幅広いテーマについての書籍およびブックレットの発行を専門とする出版社である」とあるように、書籍の出版はアルスター協会の活動において中心を占めている。これまでに、三〇冊以上の単行本とブックレット類が出版されており、一九八六年夏に創刊された機関誌『ニュー・アルスター』も、年三回の割合で発行されていた。

そのつぎに主な活動といえるのが、招待講演と巡回展示である。「招待講演」は専門的な知識をもったアルスター協会の役員や会員らによる講演会で、計四〇にのぼる講演タイトルのレパートリーは、アルスター植民以前の一六世紀の歴史、ウィリアム三世（オレンジ公ウィリアム）の「活躍」を中心とした一七世紀の歴史、アルスターとアメリカとのつながり、オレンジ・オーダーの思想と運動、芸術と教育、第一次・第二次世界大戦、第三次自治法案の危機、政治史、北アイルランド紛争など、一〇以上のテーマにおよんでいる。一方、「巡回展示」は、団体からの申し込みに応じて、写真パネルや文書資料などの展示品が北アイルランド各地に（ときにはイギリス本土にも）貸し出される形式の展示会である。こちらも講演会の内容と同様に、一七世紀から現在にいたるまでの幅広い時期を扱っている。

書籍の発行や、招待講演、巡回展示といった活動は、アルスター協会が重視していた「教育」に向けられたものであった。協会の教育活動についての見解を示した文書では、つぎのように述べられている。

［教育は］アルスター協会が携わる活動のなかで、間違いなくもっとも重要なものである。北アイルランドの学校において、われわれの歴史的遺産があまりにも長いあいだ無視されてきたことは、アルスター・ブリティッシュの人びとのあいだの共通認識である。アルスターの子どもたちはアルスターの未来であり、アルスター協会はこの未来とともに、教育の分野で積極的に活動をおこなってきた。(16)

子どもたちへの教育の重視は、児童を対象としたサマースクールの実施にもあらわれている。なかでも歴史教育には、もっとも力が注がれていた。地方史の掘り起こしや、歴史記述における「バランスの修正」に重点がおかれ、初等教育および中等教育に携わる教師を対象としたセミナーが開催された。また、一九六九年の紛争開始以降に出版された膨大な数にのぼるアルスターに関する書籍の「批判的ガイド」として、文献目録の作成もおこなわれた。

このような学校教育をターゲットとしたアルスター協会の試みは、プロテスタントの学校に限られたものではなかった。トリンブルは、アルスター協会の活動を、アルスター・プロテスタントという狭い範囲を超えるものとみなしており、エドワード・カーソンや、第一次世界大戦の影響、北アイルランド国家建設についてのアルスター協会作成の教材をカトリックの学校に行きわたらせることは、協会の初期の目的のひとつであった。トリンブルはカトリックの生徒たちに、アイルランド史には伝統的ナショナリストの語りのほかに、別の側面があったことをみせたいと考えていた。とりわけ、両大戦において、多くのアイルランドのカトリックがイギリスのために戦って殺されたという事実に対して関心を促すことに、トリンブルは熱心だった。このユニオニストの歴史をカトリックの学校に紹介しようという試みは、連合をカトリック一般に対してより意味あるものにするためにユニオニズムを非宗派化するという、トリンブルの後のプロジェクトの初期の兆候なのかもしれない、とヘンリ・マクドナルドは指摘している。[17]

「アルスターの文化の保護・促進」は、アカデミックな手段によるものばかりではなかった。たとえば、アルスター・ブリティッシュの文化と伝統にまつわる場所を訪れる、歴史ツアーが多数企画されている。[18]コンサートや、作詞・作曲などを競う音楽コンクール、クイズ大会、かがり火の夕べなどの催しものは、「アルスターの独自の文化」を通じた会員どうしの交流の場であった。また、アルスター協会は、書籍とともに各種グッズ（写真21を参照）の通信販売もおこなっており、北アイルランド各地における浸透をはかっていた[19]。

教育、レクリエイションにつづく三つめの活動内容としては、アルスター・ブリティッシュの文化に関わる研究があげられる。アルスター協会は設立の当初から、「アルスターの文化の保護・促進」という名のもとで、いくつかのプロジェクトを立ち上げていた。

まずひとつめは、オレンジ・バナーの調査である。バナーとは、行進の先頭で掲げる二本の柱に布をつけた幕旗で、ユニオニストのパレードにとって欠かすことのできない文化的シンボルのひとつだが(写真22を参照)、これまでそれについての詳細な研究はほとんどおこなわれてこなかった。アルスター協会は、アイルランド各地のオレンジ・ロッジへのアンケートなどを通じて、それぞれのオレンジ・バナーの歴史、象徴性、そこに描かれている出来事や人物についての情報を収集し、それらを写真によって記録保存したうえで、テーマごとに分類した。

写真21　アルスター協会特製の「オレンジ公ウィリアム」印のマーマレード(筆者撮影)

二つめは、アルスターの人びとにとっての重要な歴史的経験を収集し語り継ぐための、聞き取り調査である。これは第一次世界大戦において、イギリス兵としてソンムの戦いに参戦した退役軍人へのインタヴュー、そして第二次世界大戦下でのアルスターの普通の人びとの暮らしに焦点をあてたものであった。

三つめにあげられるのは、アルスターの伝統民

写真22　オレンジ・バナー（筆者撮影）

謡の収集である。アルスター各地での忘れ去られつつあった民謡の掘り起こしと収集の成果は、「アルスター民謡を保存するだけでなく、一般に広めるために[20]」、二冊のブックレットとして出版されている。

アルスター協会の運営は、登録チャリティ団体（registered charity）[21]という位置づけのもとで、会員から徴収する会費、地方自治体からの助成金、その他の各種委員会からの資金援助によってまかなわれていた[22]。前記のような活動を通して財政的な後ろ盾を得ることで、アルスター協会は小規模な出発ながらも、トリンブルが当初ねらいとしていたように、「文化」をめぐる戦いにともかくも参入することに成功したのである。

アルスター協会の目的

ここで、アルスター協会の目的をあらためて確認しておこう。協会の入会案内にはつぎのように記されている。

> アルスター協会は、アルスターとアルスター・ブリティッシュの人びとの伝統と文化を保持するために創設された。文化と歴史に対する消極的なアプローチは、私たちの国（country）の利益にとって有利ではないことが示されてきた。結果として、多くの人びとが、アルスター・ブリティッシュの文化の正当さを否定するような集中的な試みが進行していると感じている。したがって、アルスター協会のねらいとは、アルスター・ブリティッシュの人びとの長きにわたる誇るべき伝統を促進することによって、事実をありのままにきちんと伝えることである（傍点は筆者）[23]。

ここで注目すべきなのは、「アルスター・ブリティッシュ」という表現と、その「アルスター・ブリティッシュの人びとの伝統と文化」が、保持し促進してゆくべきものとして、いいかえれば、すでに共有された自明のものとされていることである。このことは、アルスター協会の原則をうたった、会則第二項にもあらわれている。

協会は、アルスターの人びとのあいだにブリティッシュ・コミュニティとしての独自のナショナル・アイデンティティが培われてきたこと、また、協会がアルスターの人びとのエスニック・アイデンティティと文化的伝統の保護および発展に専念することを自明のものとする（傍点は筆者）。

では、アルスター協会が保護し促進しようとした「アルスター・ブリティッシュの文化」とはどのようなものなのか。以下では、アルスター協会の活動と出版物を通して、具体的に考察してみたい。

二　「アルスター・ブリティッシュ」とは何か

アルスター協会の機関誌『ニュー・アルスター』（図版4を参照）は、協会の目的を推進するひとつの媒体として、また、協会の活動を広く一般に向けて知らせるという意図のもと、一九八六年夏に創刊された(24)。創刊号のページを開くと、つぎのような断り書きが載せられている。

図版4　『ニュー・アルスター』創刊号の表紙

この雑誌に掲載されている見解は、必ずしも編集者や、アルスター協会の役員の見解を反映したものではない。むしろこれらのさまざまな見解における表現は、アルスターの伝統と文化についての調査・研究を刺激し、また、人びとの関心を高めることを意図したものである(25)。

『ニュー・アルスター』は、ユニオニストにとっての「文化」とは何かを探求するうえで、さまざまな見解がそれを通じて「目に見えるかたちで」提示される場であった。このことは、『ニュー・アルスター』を手にした者にとっては、何が「アルスター・ブリティッシュの文化」として位置づけられてゆくのかを「発見」、「再確認」、「学習」するプロセスでもあるといえるだろう。

『ニュー・アルスター』に掲載されているのは、歴史コラム、人物伝、書評、劇評、音楽評、アルスター協会主催の催しの記録、協会からの告知などであるが、各ジャンルにおいて頻繁に登場するのは「イギリスとのつながり」を示唆する内容である。

ウィリアム派戦争

まず目につくのは、一七世紀のウィリアム派戦争（Williamite War）に関する内容である。ジェイムズ二世率いるカトリック軍と、ウィリアム三世（オレンジ公ウィリアム）を支持するプロテスタント軍との戦いは、アイルランドでの覇権をめぐる重要な争いであった点で、歴史において重要な意味をもっている。とくに、最終的にはウィリアム三世率いるプロテスタント軍の勝利に終わったこの戦いは、アルスター・プロテスタントのアイデンティティにおいて支配的な位置を占めるものとなった。

一六八九年、名誉革命で王位を追われ、アイルランドでの復権を試みてアイルランドに上陸したジェイムズ二世は、アルスター地方をつぎつぎと支配下においていった。しかし、プロテスタントが居住していた入植都市はこれに抵抗し、激しい攻防が繰り広げられることになる。そのもっとも有名なものが、第3章でもとりあげた「デリー包囲」である。同年四月、降伏を迫るカトリック軍に対して街を取り囲む城壁の門を固く閉ざし、一〇五日間という長期にわたる籠城のなかで飢えと病気のために多数の死者を出したプロテスタントたちは、オランダからイギリス国王に迎えられたウィリアム三世の軍によって、八月に救出された。また、一般にデリー包囲と比較すると言及されることは少ないが、アルスター南西部のエニスキレンも、プロテスタントの第二の抵抗の拠点であった。デリーと違って城壁をもたなかったこの都市での攻防は、攻撃的な戦法で敵との距離を保つというものであった。

こうしたなかで両軍は、一六九〇年七月一日、ダブリンの北方にあるボイン河での戦いでついに対決を迎え、ウィリアム三世は勝利を治める。その後の、一六九一年七月一二日のオークリムの戦いでの勝利は、アイルランドにおけるウィリアム三世の地位を確固たるものにし、ジェイムズ二世はアイルランドから撤退してフランスに逃亡する。今日にいたるまでこの「トゥエルフス（the Twelfth）」を祝福するパレードが、ユニオニストのあいだの伝統行事として継続されていることは、すでに述べたとおりである。

これら一連の歴史的事件を扱った記事には、ウィリアム三世率いるプロテスタント軍の詳細な行程を記した地図や、ウィリアム三世の肖像画、戦いの場面を描いた絵画などが多用されている（図版5を参照）。また、ひとつの記事の分量も多く、いわば教科書的なスタイルで記述されていることが多い。た

ABOVE: William leads his army to victory.

Tyrconnell and Berwick, Sir Patrick Sarsfield and the Comte de Lauzun - observed William's lunch party and each group apparently spied on each other through telescopes. A small force of Jacobite horse advanced to a ploughed field opposite. They brought up two small pieces of field artillery which were hidden in a hedgerow. These were loaded but did not fire until William and his party remounted. When this occurred they were discharged. Two horses, and a trooper, were killed about a hundred yards from the King. Another shot struck the river bank and glancing upwards struck William a passing blow on his right shoulder. His thick leather protective jacket was burnt and torn. It had, however, done its job in deflecting the six-pound ball as his flesh was only bruised and slightly torn. The bleeding was slight and William laconically remarked that 'it need not have come nearer'; nonetheless he threw a cloak over his shoulder so that his troops would not be alarmed by his wounding. He in fact showed more concern about the near injury of his brother-in-law Prince George whose horse another shot had killed. The Duke of Wurtemburg likewise had his pistol shattered.

Battle Plans

William had his wound dressed and then travelled amongst his army in company with Schomberg to allay the rumours that had begun to circulate about his injury. Later the two attended the eve-of-battle Council of War held by the Williamite general staff at their camp at Mellifont Abbey. Here in the impressive surroundings of the twelfth-century Cistercian Abbey, then falling into disrepair after a period as a baronial residence, William and his generals thrashed out their battle plan. Schomberg favoured a feint attack at fortified Oldbridge, which would hold Jacobite attention, while the main army executed a flanking movement after crossing upstream of Oldbridge. An entirely opposite opinion was expressed by Heinrich, Count of Solms-Braunfels who advocated a simple head-on attack at Oldbridge by the full Williamite force. William, by personality of a similar direct disposition, favoured an attack at Oldbridge but he could see the merit in Schomberg's plan. A compromise was arrived at. The main attack would go ahead at Oldbridge but Schomberg's son Count Meinhard would take a division upstream and cross there as his father recommended. Meinhard was to be reinforced by a cavalry brigade under Lieutenant General James Douglas. Douglas had arrived in Ulster a few days after William during the period of Williamite reinforcements. He had been one of the earliest Scots gentlemen to declare for William and for this reason earned especial disapprobation in James II's memoirs. In the event Meinhard with a division crossed, on the advice of Enniskillen officers, halfway to Slane at the ford at Rosnaree immediately below the prehistoric earthworks at Newgrange. Douglas's cavalry brigade was to cross on an extended front at fords between Rosnaree and the partially destroyed bridge at Slane five miles upstream of Oldbridge. The presence of this force to the Jacobite left would, William hoped, lead to the enemy's reinforcement of that side, while the main attack proceeded in the thus

図版5　ウィリアム3世の戦いの場面

とえば、『ニュー・アルスター』の第一一号では「ボイン河の戦い」が、第七号では「オークリムの戦い」が詳細なエピソードを交えてとりあげられ、また、第九号では、一六九三年にイギリスで編纂・出版されたという、一六九〇年六月におけるウィリアム三世のキャリックファーガス（アルスター北部）上陸を記録した地図集が、資料的な見地から紹介されている（記事の終わりでは、復刻された地図集の購入案内も掲載されている）。また、アルスターを舞台とした事件だけでなく、ウィリアム派戦争にいたるまでの歴史的経緯についても、同様に詳細な言及がなされている。『ニュー・アルスター』第一〇号は一〇ページ近くにおよぶ特集を組み、名誉革命にいたるまでのイギリス史とアルスターへの影響について論じている[26]。

ウィリアム派戦争についての記述は、イギリス史における重大な歴史的事件を、アルスター・プロテスタントにとっての苦難と栄光の歴史というローカルな経験を通して描くことによって、イギリスとの歴史的経験の共有を再確認しようとするものである。また、そうした物語の「主人公」であるウィリアム三世は、アイルランドに「市民的自由と宗教的自由をもたらした解放者」「自由と栄光の象徴」として位置づけられている[27]。

オレンジ・オーダー

ウィリアム三世と関連の深いオレンジ・オーダーにまつわる記事もたびたび登場する[28]。写真による各地のオレンジ・パレードの記録や、パレードで用いられる衣装・楽器にまつわるエピソードをはじめ、各地のオレンジ・オーダーの拠点であるオレンジ・ロッジの紹介や、歴史上の「偉大なオレンジメン」

の人物伝などが題材とされている。また、アルスター協会設立当初からのプロジェクトのひとつとして、各地のオレンジ・バナーの収集・記録・保存・分類がおこなわれている。ルース・エドワーズは、アルスター協会の調査によって、オレンジ・バナーに描かれる題材に一三のカテゴリーがあることが明らかになった、と指摘している。[29]

さらに、『ニュー・アルスター』第二六号では、カナダ、アメリカ合州国、西アフリカのトーゴ、ガーナなど、北アイルランド以外の地域におけるオレンジ・オーダーの活動を紹介し、オレンジ・オーダーの「市民的・宗教的自由への強いコミットメントにもとづいたプロテスタンティズム保護の活動の広がり」を力説している。[30]

ホーム・ルールへの抵抗

つぎに頻繁に登場するのが、「アルスター誓約（Ulster Covenant）」である。アルスター誓約とは、一九一二年九月二八日、同年四月に発表された第三次自治法案に対して、アルスターのユニオニストが「連合王国における市民的平等の権利」の主張および、いかなる自治に向けての動きにも抵抗する証として署名したものである。この誓約書には二一万八二〇六名の男性が署名し、また、同様の内容を記した「アルスター宣誓（Ulster Declaration）」には二二万八九九一名の女性が署名した[31]（図版6－8を参照）。また、アルスター以外の地域からも、アルスター出身の一万九一六二名の男性、五〇五五名の女性による署名が集まった。[32]

この誓約の中心となった「アルスター厳粛同盟・誓約（Ulster's Solemn League and Covenant）」は、

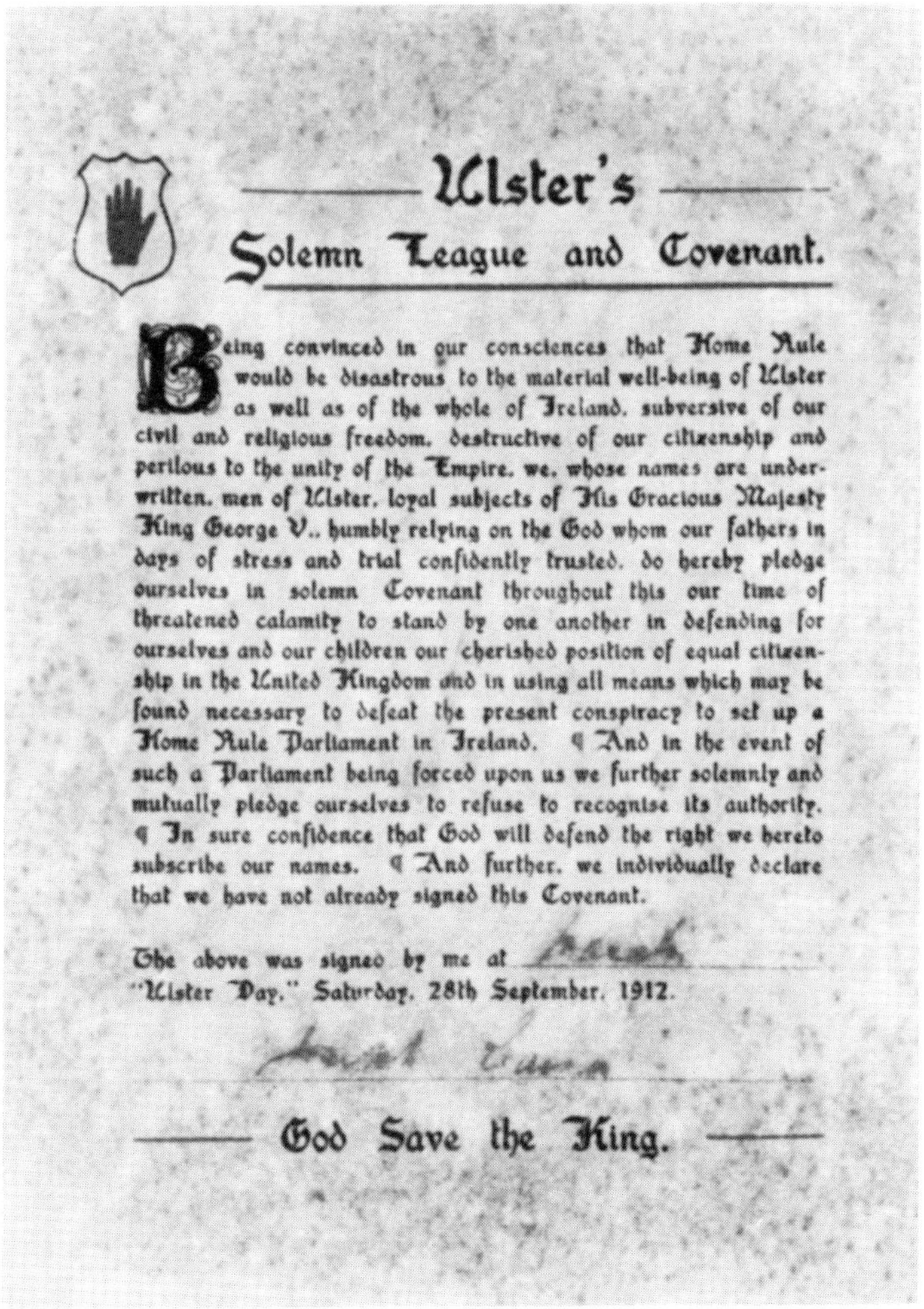

Ulster's
Solemn League and Covenant.

Being convinced in our consciences that Home Rule would be disastrous to the material well-being of Ulster as well as of the whole of Ireland, subversive of our civil and religious freedom, destructive of our citizenship and perilous to the unity of the Empire, we, whose names are underwritten, men of Ulster, loyal subjects of His Gracious Majesty King George V., humbly relying on the God whom our fathers in days of stress and trial confidently trusted, do hereby pledge ourselves in solemn Covenant throughout this our time of threatened calamity to stand by one another in defending for ourselves and our children our cherished position of equal citizenship in the United Kingdom and in using all means which may be found necessary to defeat the present conspiracy to set up a Home Rule Parliament in Ireland. ¶ And in the event of such a Parliament being forced upon us we further solemnly and mutually pledge ourselves to refuse to recognise its authority. ¶ In sure confidence that God will defend the right we hereto subscribe our names. ¶ And further, we individually declare that we have not already signed this Covenant.

The above was signed by me at ____________
"Ulster Day," Saturday, 28th September, 1912.

God Save the King.

図版6 「アルスター誓約」の写し

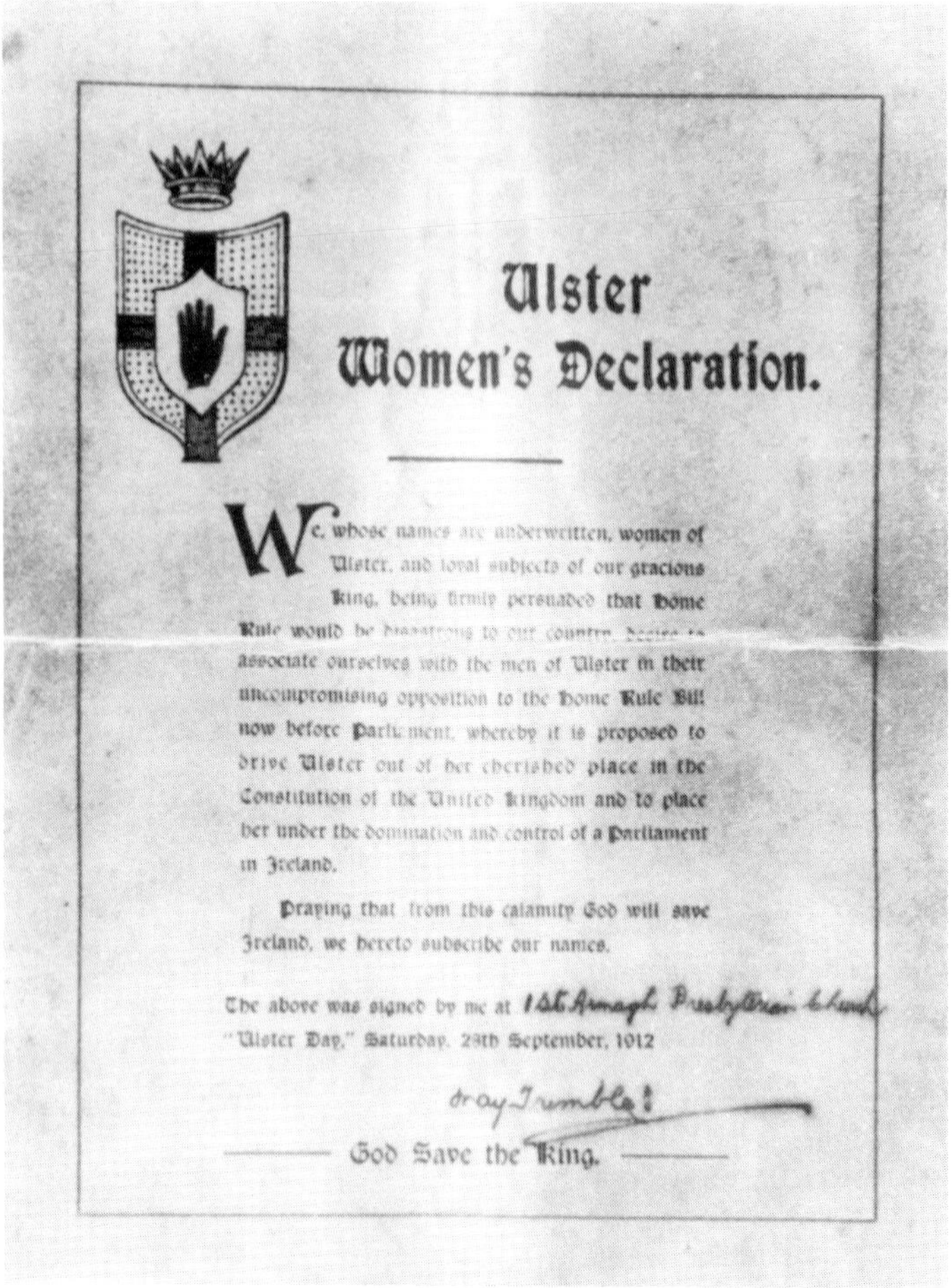

Ulster Women's Declaration.

We, whose names are underwritten, women of Ulster, and loyal subjects of our gracious King, being firmly persuaded that Home Rule would be disastrous to our country, desire to associate ourselves with the men of Ulster in their uncompromising opposition to the Home Rule Bill now before Parliament, whereby it is proposed to drive Ulster out of her cherished place in the Constitution of the United Kingdom and to place her under the domination and control of a Parliament in Ireland.

Praying that from this calamity God will save Ireland, we hereto subscribe our names.

The above was signed by me at 1st Armagh Presbyterian Church
"Ulster Day," Saturday, 28th September, 1912

God Save the King.

図版7 「アルスター宣誓」の写し

図版8　「アルスター宣誓」に署名する女性たち(ベルファスト・セントラル・ライブラリー所蔵)

一六四三年、長老制度維持のためにスコットランドとイギリス議会とのあいだで締結された厳粛同盟(Solemn League and Covenant)を彷彿とさせる。しかし、誓約書における文言は、一八八六年に第一次自治法案が提出されたときの、イギリス首相ウィンストン・チャーチルによる「アルスターは戦う、アルスターは正しい(Ulster would fight and Ulster would be right)」という有名なフレーズ、また、一八九二年に第二次自治法案が提出されたときの、イギリス保守党指導者ソールズベリーによる「イギリス議会はアルスターの人びとを奴隷として売り渡すためでなく、アルスターの人びとを統治するためにあるのだ」という言葉に、より直接的な影響を受けたものであった[33]。一九八五年のイギリス=アイルランド協定のさい、ベルファストのシティ・ホール前でおこなわれた抗議デモの風景は、まさにこのアルスター誓約のとき、同じようにシティ・ホール前を埋め尽くした大群衆の光景と重なる(図版9および

シティ・ホール前につめかけたユニオニスト

図版9　「アルスター誓約」に署名するため

一二五頁の図版3を参照)。

このアルスター誓約は、アルスター協会の活動のさまざまな分野においても関わりが深い。まず、アルスター協会が正式に創設されたのは、「アルスター・デイ(Ulster Day)」と呼ばれるこの記念すべき九月二八日の七三周年の日であった。毎年この日には、著名なユニオニストのスピーカーを招いた記念講演がおこなわれている。エドワード・カーソンとユニオニストの指導者たちが誓約に署名したのと、まさに同じ場所であるベルファストのシティ・ホールでは、一九八七年九月、アルスター誓約の七五周年を記念した写真展示会「誓約と挑戦」が開かれた。

これをもとにして、一九八九年には、ゴードン・ルーシー編集による『アルスター誓約――目で見る一九一二年ホーム・ルール危機の歴史』と題した本も出版されている。この本は、ホーム・ルールに抵抗したユニオニストたちの当時の様子が、ポスター、チラシ、写真、諷刺画、文書などを通じて生き生きと伝わってくる作りになっている。また、通信販売では、誓約書の複成も販売されている。これは、当時、アルスター誓約に署名をした人が記念品として手渡された、アルスター誓約の文言を写した羊皮紙の文書を複製したものである。アルスターの多くの家庭で大事に保存されていたというこれら誓約書の写しは、「重大な危機に壮大な決心をもって立ち向かった幾万ものアルスターの人びととの永遠の記念として、誇りをもって今日ふたたび掲げられるべきである」とルーシーは述べている。(34)

さらに、アルスター義勇軍(UVF)の創設者であり、アルスター誓約の発案者でもあったカーソンは、ユニオニストの歴史における「英雄」として位置づけられ、人物伝や、ポスターなどが販売されている。(35)

ホーム・ルールに対するユニオニストの抵抗は、アルスター誓約だけにとどまらなかった。二年後の一九一四年四月、北アイルランド各地での抵抗運動における武装にそなえた銃砲・弾薬の密輸入も、歴史的記憶の重要な対象となっている。アルスター協会ではこれまで、一九八九年、一九九四年、一九九九年の五年ごとに、展示会、講演会、パレード、夕食会などの記念イヴェントを実施している。

第一次・第二次世界大戦

二つの世界大戦も、「アルスター・ブリティッシュ」のアイデンティティにとって欠かせないものであることがわかる。まず、第一次世界大戦において圧倒的な重要性をもつのは、一九一六年七月一日のソンムの戦いでの第三六（アルスター）師団の「活躍」と「犠牲」である。一九一六年の六月から一一月にかけての北フランス・ソンム河畔でのドイツ軍との戦いは、連合軍に九〇万、ドイツ軍に六〇万人の死傷者を出すという、第一次世界大戦における激戦であった。アルスター出身の兵士からなる第三六師団は、もともとホーム・ルール抵抗運動における「アルスター誓約」のさいに、カーソンによって創設されたアルスター義勇軍を前身としていた。第三六師団が攻撃を開始した七月一日は、二二六年前に「ボイン河の戦い」が起きたのと同じ日であったために、アルスター・プロテスタントにとっては「降伏せず（No Surrender）」や「一六九〇年を忘れるな（Remember 1690）」といったスローガンが飛び交う、歴史的因縁をもった意味深い戦いとされた。しかし第三六師団は、約九〇〇〇人の兵士のうち、およそ三分の二が最初の二日間で死傷するという、大きな犠牲を払った。

『ニュー・アルスター』の創刊号では、ベルファスト・シティ・ホール内に展示されている、このソンムの戦いにおける第三六師団の攻撃の場面を描いたジェイムズ・ビードルの絵（図版10を参照）の複製が、ソンムの戦い七〇周年を記念してロイヤル・アルスター・ライフル博物館で発売されることになった、と報じている。また、ほとんど忘れ去られてしまったこの絵の芸術的価値と、アルスターの人びとにとっての重要性についての再評価もおこなわれている。[36] ソンムの戦いをはじめとする第一次世界大戦での役割を、アルスターの人びとにとっての重要な歴史的経験として語り継ごうという試みは、実際にこの大戦に参加した退役軍人たちへのインタヴューというプロジェクトを通してもすすめられている。

また、第二次世界大戦において特筆すべきなのは、アルスターが果たした組織的な貢献、いわゆる「銃後の戦い」である。アイルランド共和国の前身であるアイルランド自由国が第二次世界大戦で中立を表明した一方で、アルスターはイギリスへの武器・食料の提供地として、また陸軍・海軍の重要拠点として、大きな役割を果たした。『ニュー・アルスター』第二五号では、大戦下の軍事工場での作業に従事したベルファストの女性たちの暮らしと戦争への貢献について、特集記事を組んでいる。[37]

一九四一年の四月から五月にかけては、ロンドンと同様に、ベルファストもナチスのドイツ軍による爆撃を受け、多くの建物が破壊され、生命が失われた。これを記念して、アルスター協会では、一九九一年に空襲五〇周年の展示会を開催している。また、一九四三年にはアメリカ軍が北アイルランドに駐留し、ヨーロッパ大陸への侵攻にそなえたが、第二次世界大戦開始から五〇周年を記念した展示会「自由への生命線」では、第二次世界大戦中のアルスターの役割を評価したつぎのような言葉が紹介されている。

図版10　J.P. ビードル作『ソンムの戦いにおける第36師団の攻撃』（部分）（ベルファスト・シティ・ホール所蔵）

アルスターは、大西洋における生命線を維持し、多くの強大な力をそなえていたアイルランドが戦場となるのを防いだ。たくましく、そして忠誠心に溢れたアルスターは、われわれ大英帝国と英連邦すべての幸福を守るために、つねに活力をみなぎらせているだろう。グレート・ブリテンおよび北アイルランド連合王国が平和と名誉においてその力を取り戻したとき、アルスターもまたわれわれとともに、来るべきさらなる幸福を共有しなければならない（一九四五年六月のチャーチルによる演説(38)）。

［アルスターの人びとは］国民生活のすべての場面において、男性も女性もひるむことなくすすんで危機に立ち向かい、辛苦に耐えた。人びとの住居は戦争による破壊を免れることはできなかった。港、造船所、農場、工場は、公のために素晴らしい貢献を果たした。アルスターの沿岸部における昼夜の警戒体勢は、大西洋の生命線を守った。アルスターの土地に最初のアメリカ軍の艦隊が上陸し、人びとの歓迎と歓待が、われわれとアメリカ合州国との絆をはるかに強いものにしたのである（一九四五年七月、イギリス議会でのジョージ六世の演説(39)）。

北アイルランドなくしては、アメリカ軍はノルマンディー上陸作戦の開始に向けて集中することはできなかっただろう。ベルファストという都市、その機能、人びと、力に支えられて、それは可能になったのである（一九四五年八月、ベルファスト・シティ・ホールでの連合国軍最高司令官アイゼンハワーの演説(40)）。

イギリス帝国

イギリス本土を越えた土地との結びつきに言及することで、「帝国」の一部分としてのアルスターの役割を強調する点も興味深い。『ニュー・アルスター』第二一号には、「アルスターの若者から中国の官吏へ[41]」というタイトルで、中国で活躍したアルスター出身の外交官の生涯についての記事が掲載されている。

「一九世紀には、多くのアルスターの男たちが大英帝国の任務によりその故郷をあとにした」という一文ではじまるこのコラムは、「忍耐強く、勤勉で、希望に満ちあふれた典型的なアルスターマン」であったロバート・ハート卿が、「いかに中国の近代化に貢献し、中国の人びとから尊敬を集めたか」を書き連ねている。一八三五年にアーマー州のポータダウンに生まれたロバート・ハートの先祖は、一説によると、一六九〇年のウィリアム三世の軍とともにアルスターにやってきたオランダ人であった。はじめは蒸留酒の製造業で、つぎにリネン工場の経営者として成功した彼の父は、息子の教育に熱心であり、ロバートは優秀な成績をおさめて一五歳でクイーンズ・カレッジに進学した。一八歳でカレッジを卒業したころ、イギリス外務省からカレッジの卒業生に外交官としてのポストの話がもちかけられ、トップの成績で卒業したロバートは、試験免除で中国への外交官として採用される。

一八五四年にロバートが赴任したころの中国は、アヘン戦争ののちイギリスとのあいだで交わされた一八四二年の南京条約で、五つの港を開港し、香港を割譲するなどのいわゆる不平等条約に見舞われていたが、記事では「今日の西洋の歴史家のあいだでは、これらの不平等条約とみなされたものが、中国の近代化の扉を開いたとされる」との見解が示されている。ロバートは中国語を習得し、また「中国人になるために最善の努力をおこなった」という。この努力と語学の才能によって、彼はイギリス領事館において、イギリス人商人と中国の税関の役人との交渉の場で公式の通訳を務めるようになる。

しかし、アロー戦争のさなかの一八五九年に、「中国を第二の故郷と感じていた」ロバートは、イギリスの外交官としての役職を捨てて中国の関税事業に乗り出すことになり、沿岸部での灯台の設置や、近代的な中国海軍や郵便制度の創設に関わっていった。こうした中国での生活のなかで、彼は中国人女性とのあいだに三人の子どもをもうけたが、イギリス人女性と正式に結婚するにあたって「妾という中国の慣習をどうしても受け入れられず、社会的対面を選んだ」彼を、記事では「少なくともこの点においては典型的な一九世紀の男性であった」と記している。

一九〇〇年の義和団の乱で財産を失った彼は「中国人たちに裏切られた思い」であったというが、「中国を世界に向けて開いたハート」は、いまでも中国の人びとの尊敬を集め、一九八五年にはハートの生誕一五〇周年を祝賀した記念切手が発行された、と締めくくっている。

アメリカ合州国

アメリカとのつながりは以下の二点において強調される。ひとつは、アルスターからのアメリカへの移民である。アイルランド移民といえばカトリックをイメージするが、カトリックの大規模な移動は一九世紀初頭以降にはじまったのであり、それ以前の移民の大部分はアルスター出身のプロテスタント移民であった。

『ニュー・アルスター』第一六号は、アルスターとアメリカのつながりをさまざまに扱った特集号となっており、巻頭では、「一八世紀以前のアメリカへのアルスター移民は数としては少なかったものの、彼らはアメリカの発展において大きく貢献した」と述べられている。(42)『ニュー・アルスター』第二一号では、アルスター協会の役員でもあるジャーナリストのデイヴィッド・ヒュームが、一八世紀におけるアルスターからの移民の子孫が数多く住むサウス・キャロライナ州を訪れ、レポートを寄せている。(43)このサウス・キャロライナ州は、アルスター移民のルーツをもった最初のアメリカ大統領アンドリュー・ジャクソンの生誕地でもあった。

また、もうひとつは、すでにふれたが、第二次世界大戦中に三年にわたって北アイルランドに駐留したアメリカ軍との「交流」である。なかでも、「もっとも長いあいだ継続され、また重要だったつながり(44)」は、アメリカ人兵士とアルスターの女性たちとの結婚であった。

イギリス王室

イギリス王室に関しては、とくに、一九五三年のエリザベス女王二世即位のさいの、アルスターにおける祝賀の様子がとりあげられている。『ニュー・アルスター』第二〇号には、即位四〇周年を記念して企画された展示会「幸福と栄光」の告知が掲載され、準備の一貫として、当時の写真、プログラム、その他の記念品の提供を読者に呼びかけながら、「この展示会はすべての人びとにとって、過去を懐かしみ、連合王国が真に一体となっていた時代を思い起こす機会となるだろう(45)」と結んでいる。

一九九三年秋に実施された展示会は、北アイルランド各地でおこなわれた祝賀の様子、ロンドンでの即位式においてアルスターの人びとが担った役割が当時の新聞記事や写真で説明され、即位を記念してつくられたさまざまなグッズが展示された。また、一九五三年七月のエリザベス女王による「最初の、そしてけっして忘れることのできない、北アイルランド訪問」の様子は、当時の映像記録を用いて紹介された。この展示会は、北アイルランド各地を巡回し、好評を博した。

イギリス本土

より直接的な方法でイギリス本土と接触する機会も設けられた。一九九三年に企画・実施された「ロンドンへの週末ツアー」がそれである。二泊三日のスケジュールでは、観光やショッピング、プロテスタント教会での特別礼拝などが予定されていたが、ツアーの目玉は「元アルスター協会会長で現在は下院議員のデイヴィッド・トリンブル氏主催による、ウェストミンスター国会議事堂での夕食会」であった。このロンドン・ツアーは好評となり、一九九五年にはさらに充実した内容で第二回が実施されている。

三　アルスターの「独自性」

以上みてきたように、アルスター協会の考える「アルスター・ブリティッシュ」というアイデンティティは、主としてイギリス（およびその帝国、植民地）とのつながりを強調している。では、「アルスター・ブリティッシュ」における「独自性」とは、どのようなところに見いだされているのだろうか。

それに該当するものとしてもっともわかりやすいのは、アルスター「独自の」文学・芸術への言及である。

伝統の「発見」

『ニュー・アルスター』には毎号、アルスター出身の文学者、詩人、画家、音楽家、建築家、舞踏家などの人物伝や、それらの人びとの作品についての紹介および作品への批評などが掲載されている。人物伝には、主に二つの特徴が見受けられる。ひとつは、記事のタイトルに「見過ごされた（neglected）」、「忘れられた（forgotten）」、「誤解された（misjudged）」、「歌われることのなかった（unsung）」といった形容詞がつけられ、そうしたいままで省みられることのなかった、あるいは正当な評価を受けてこなかったアルスターが輩出した人物に光をあてるというものである。もうひとつは、著名な人物が、じつはアルスターゆかりの経歴をもっていたということを紹介するものである。しかし、こうした記事は、『ニュー・アルスター』創刊当初と比較すると、徐々に数が減少してきている傾向にある。

このような「伝統と文化の発見」は、アルスター協会設立当初からのプロジェクトのひとつである、アルスター民謡やオレンジ・ソングの収集にも顕著である。アルスター協会はこれまでに、「いくつかはたいへん有名であるが、その多くはほとんど知られていないか、ほとんどが忘れ去られてしまっている[46]」オレンジ・ソングを収集し、歌集としてまとめて出版している。その記念すべき一冊め『オレンジのひばり（*Orange Lark*）』は、四〇曲の伝統的なオレンジ・ソングを楽譜、歌詞、解説によって再現している。トリンブルによる巻頭の辞では、この歌集作成に大きく貢献したひとりであり、自らも独自に伝統的オレンジ・ソングの収集をおこなってきたデイヴィッド・ブッシュに謝辞を述べながら、「この歌集に収められた歌をふたたび歌うようになったことで、デイヴィッドをはじめとする多くの人びとが、アルスターの人びとの暮らしにおけるふさわしい場所を確実に取り戻したといえる」と結んでいる(47)。

それ以外にも、この「独自性」に関わる、いくつかの興味深い題材についてみてみよう。『ニュー・アルスター』第一八号では、最新の設備をそなえながらも、一九一二年の処女航海で氷山に衝突して沈没した豪華客船「タイタニック号」の悲劇的な事件をたどり、この客船が、ベルファストの造船会社ハーランド・アンド・ウルフの技術者によって造られたものであること、それゆえにアルスターの人びとにとっては重要な象徴的意味をもっていたことを述べている(48)。また、『ニュー・アルスター』第一七号では、七月一二日のオレンジ・パレードの前日におこなわれる「一一日の夜(Eleventh Night)」の大かがり火(写真23を参照)の伝統と歴史を考察している。

「かがり火」は、アイデンティティと感情の象徴であり、また、宣言となったのである。かがり火はすべてのアルスターの人びとの血に流れており、かがり火がおこなわれなくなったとしたら、アルスターはもはや存在しないだろう(49)。

やや滑稽にもとれる表現だが、かがり火というイヴェントが、アルスター・プロテスタントのコミュニティにいかに密着したものであるかを物語っているといえる。アルスター協会でも毎年欠かさずおこなわれるイヴェントとして、「かがり火の夕べ」なるものがある。

写真23　7月11日のかがり火のために積み上げられた木材（筆者撮影）

以上に述べてきたような、アルスターの「独自性」を示す例は、その地ゆかりのものとはあまり知られていない対象を「発見」し「再評価」する、あるいは、ほかの地域においても共有されている対象をアルスター特有のものとする語りである。では、アイルランド文化に対してはどのような視線が投げかけられているのだろうか。

アイルランド文化

もっとも言及されることの多い対象は、ゲール語（アイルランド語）である。『ニュー・アルスター』第五号には、社会民主労働党（SDLP）のBBCへの働きかけによって実現した、ラジオ・アイルスターでのアイルランド語番組「マスクラ（*Meascra*）」（ゲール語で「寄せ集め」の意）の放送に対して、以下のような批判的な見解が載せられている。

連合王国の他のどんな地域であれ、もし「マスクラ」がおこなったような偽りの文化帝国主義のたぐいにBBCが携わったならば、地元の圧力団体から延々たる攻撃を受けるだろう。この番組は、ドニゴールに暮らすゲール語のネイティヴ・スピーカーには何も提供しないし、北アイルランドの一般の人びとに、ドニゴールのゲール語話者地域におけるありのままの暮らしを伝えるものでもない。これは、カトリック／ナショナリストによる見せかけの方針の一部であり、マンスター地方のアクセントで陳腐な単語を二言三言話せるようにするために、不幸なアルスターのカトリックの生徒たちに強制的にアイルランド語の授業を課すようなメンタリティの産物である。(50)

また、アルスター協会役員のデイヴィッド・ヒュームは、「アルスター・プロテスタントとゲール語」と題して、一九九〇年二月にベルファストで開催されたアイルランド語についてのセミナーでの、スピーチ原稿を載せている。ヒュームは、セミナーのリーフレットのはじめにある、「プロテスタントにゲール語を学んでほしいという要求は日増しに高まってきている」という記述に対して、どうすればそうした要求が好意をもって受け入れられるか、そして、ゲール語がプロテスタントのコミュニティにおいてどのようにみなされているかを、つぎのように述べている。

プロテスタントにとって、ゲール語は彼らに向けられた武器とみなされており、ゲール語に対する嫌悪は避けがたいものなのである。もしプロテスタントの人びとがゲール語に何らかの価値を見いだされなければならないとしたら、それは彼らに対して非攻撃的なものでなければならない。(51)

その他のアイルランド文化への言及という点では、カトリックの人物伝はほとんど登場することがないものの、例外的に『ニュー・アルスター』第二二号に登場したハーバート・ムーア・ピムの記事がある。アルスター出身の詩人だったピムは、「クエーカー教徒として生まれ、ローマ・カトリック教とシン・フェインの理念を信仰しながらも、忠実なユニオニストかつ大英帝国主義者としてロンドンでその生涯を閉じた」[52]といい、その波乱に富んだ人生経歴が紹介されている。

これらのアイルランド文化をめぐる記述は、アルスターの「独自性」という観点からみれば、つぎのような役割をもっているといえよう。すなわち、「アルスターの人びと」という表現においてほとんど想定されてはいないものの、実際にはカトリック／ナショナリストも存在しているアルスターという地理的空間のなかで、「アイリッシュネス」をアルスター化するか、さもなければできるだけ排除しようとするものである。

「独自性」と「関係性」

結局のところ、アルスター協会が保護し促進しようとした「アルスター・ブリティッシュの文化」とは何なのか。すでにみてきたとおり、「文化」を通じたアルスター協会の活動内容は、つぎの二つに大別される。

ひとつは、ブリテンとのつながりの再確認であり、より詳細な知識の提供である。ウィリアム派戦争や、プロテスタンティズムとしてのオレンジイズム、帝国、王室との関わりは、自分たちがどれほどイギリスと共有するものが多いかを示す題材である。第一次・第二次世界大戦におけるイギリスへの貢献は、自分たちがいかに「ブリティッシュ」であるかというナショナル・アイデンティティの証明である。こうした知識は、ユニオニストにとっての「ブリティッシュネス」主張の根拠となり、その正当性を保証するものとなる。

もうひとつは、アルスターの「独自性」の発見と再評価である。この「発見」は「創造」ともいいかえられるが、ブリテンとのつながりが「確認」されるものであることが多いのに対し、アルスターの「独自性」の発見・創造は、アルスターという土地に根ざした独自の文化をわれわれは確かにもっているのだ、ということを証明しようとするものである。ただし、注意すべきなのは、こうしたアルスターの「独自性」の探求よりも、イギリスとのつながりの強調のほうに、質・量ともに力点がおかれていることである。

「アルスター」という概念は、実質的な北アイルランドの領土を示す六州ではなく、アイルランド分断以前の伝統的な地理的区分による九州をあらわすものとして、北アイルランドにおけるユニオニスト／プロテスタントの優位性を象徴する意味をもっている。しかし、一方でこのローカルなアイデンティティは、一八〇一年の連合以前から存在しているのであって、その意味では連合王国との必然的な結びつきを必ずしも裏づけるものではない(53)。実際、一九七二年の直接統治、および一九八五年のイギリス゠アイルランド協定を経て、ナショナル・アイデンティティに関する意識調査では、「アルスター」の占める割合が減少の一途をたどっている(54)。これは、「アルスター」というアイデンティティが、「ブリティッシュネス」と比較してより政治的に虚弱である、という認識によるものといえる。

こうしてみるならば、アルスター協会がいうところの「独自性」とは、たとえばアルスター独立を主張する根拠としてではなく、何よりも「アイルランド文化とは違うわれわれの文化が確かにある」ことを誇示するためのものである。いいかえれば、アルスターとブリテンとのつながりこそが「アルスター・ブリティッシュ」の「独自性」なのだ。したがって、アルスター協会の目的とは、「文化」を通じた連合維持・反統一アイルランドの主張であり、そのための「アルスター・ブリティッシュ」の「発見」「保護」「促進」であったのだといえよう。

第6章　居場所を求めて

第5章では、アルスター協会の活動と出版物を通じて、「アルスター・ブリティッシュ」という新たなアイデンティティの想像／創造の試みを概観した。では、そのような「アルスター・ブリティッシュ」の「文化的主張」は、ユニオニズムにおいてどのように特徴づけられるだろうか。

一　アイデンティティ・ポリティクスとしてのユニオニズム

戦いの記憶

まず、指摘できるのは、「アルスター・ブリティッシュ」の「文化」として語られるものにおける、「戦いの記憶」の豊富さである。一七世紀のウィリアム派戦争、第一次世界大戦、第二次世界大戦、そしてホーム・ルール（自治）反対運動におけるアルスター誓約などへの言及は、『ニュー・アルスター』の誌面上でも、招待講演や巡回展示においても、必要不可欠な要素として組み込まれている。「戦いの記憶」の表象は、活字やアカデミックな講義によるものばかりではない。アルスター協会は、アルスター・プロテスタントのアイデンティティにとって重要な「戦いの記憶」にまつわるイヴェントを、節目となる年に必ず開催している。なかでも興味深いのは、それぞれの「戦い」のゆかりの地を訪れるツアーである。

一例として、一九九七年四月におこなわれた「ボイン河ツアー」の中身をみてみよう。まず一行は、朝九時半にバスでダウン州のドロモアを出発し、ウィリアム三世（オレンジ公ウィリアム）の軍が通ったのとまったく同じルートで、ボイン渓谷にあるアーディという場所まで向かう。一一時にはアーディでガイド付き観光がはじまる。ウィリアム三世とジェイムズ二世が滞在した（「別々の時期に」という注釈がついている）という城も、観光コースの一部である。一三時に一行は、アーディからボイン河に向けて、ウィリアム三世の軍が進んだ行程をたどってゆく。一三時半からは、ボイン河の戦場跡で、各自持参の弁当を広げて昼食をとる。その後、ボイン博物館を見学し、ドロヘダで夕食を楽しみ、夜二一時にはドロモアに戻るというスケジュールである。三〇〇年以上も前に戦いがおこなわれたその跡地でピクニックをしながら、参加者は何を思ったのだろうか。

第一次・第二次世界大戦のみならず、遠く一七世紀にまでさかのぼる「戦いの歴史」を、さまざまなやりかたでもって繰り返し想起するのはなぜか。アルスター協会からウィリアム派戦争についての歴史書を刊行したロード・マッコーリーは、「遠い過去において先祖がなしとげた偉業に誇りをもたない者は、遠い未来における子孫に記憶されるに値するどんな偉業もなしとげられないだろう」と述べている。いままであまり省みられることのなかったアルスターの各地方における攻防を含めて、アルスター・プロテスタントの人びとの「苦難と勝利」を詳細に記した彼の著作について、アルスター協会は「このマッコーリーの著作は、危機に直面したアルスターの人びとの精神をみごとにとらえている。それは暗闇のなかの灯台のように、われわれの未来に向けて希望と励ましを与えてくれる」と評している[1]。

「戦いの記憶」は、ユニオニストのナショナル・アイデンティティの証明であり、戦いを通じて獲得された一体性は、ユニオニストをイギリスという「想像の共同体」の一員として位置づける重要な役割を果たしている。しかし、ユニオニストにとっての、かつてのプロテスタント／ユニオニストの苦難に満ちた戦いの歴史への固執は、現在における彼らの「包囲の心理」をより直接的に反映したものであるといえるだろう。なぜなら、それらの戦いは、つねにブリテンとの一体性を確認するためだけのものではなく、ときにはアイルランド共和主義に向けて、あるいは、「アルスター誓約」のように、イギリスに対しても向けられたものだったからである。ロバート・キャンベルは「アルスターにおける防衛の歴史」というコラムで、つぎのように述べている。

アルスターの軍事的な歴史と伝統は、主に二つの潮流に分けることができる。ひとつはイギリス軍に従事するアルスター出身の個人や部隊による、世界を舞台にした帝国の一員としての戦い、そしてもうひとつは、主にアイルランドのカトリックや彼らの同盟者からアルスターとアルスターの人びとを守る戦いである[2]。

一九八五年のイギリス＝アイルランド協定の調印をその決定的な契機として、ユニオニストにとってのイギリスは、ここでいわれているところの「同盟者」に限りなく近づきつつある。彼らの居場所が確実に追い詰められているようにみえる、「包囲の心理」のもとでの不安と恐怖に対する保証として、ユニオニストは、何らかのすがるべきシンボルやスローガンを必要とし、そうした状況に抗うことができるという自信や激励、慰めを必要としている。そのために、「とてつもない困難が克服され、勝利する」という物語が、繰り返し動員されるのである。

しかし、そうしたユニオニストにとっての「戦いの歴史」のもつ意味は、当然のごとく、ナショナリストにも共有されるとは言いがたい。『ニュー・アルスター』第一一号に新しく登場した「過去を現在の視点から読みなおす」というコラムでは、ウィリアム派戦争をめぐるナショナリストの解釈に対して、批判的な見解が述べられている。

近年のナショナリストによるオレンジ・パレードへの強硬な反対姿勢は、ウィリアム派戦争を、ウィリアム三世とジェイムズ二世とのアイルランドを舞台にした単なるパワー・ポリティクスでしかなかったなどとするような、ナショナリストの歴史家による一面的な解釈の押しつけの結果である。(3)

こうしたナショナリストによるウィリアム派戦争の「軽視」は、「アイルランド共和国の領土内に位置するボイン河の戦いの跡地が、観光地としてまったく実用性に欠けた扱いになっている」ことからも明らかであるという。「戦いの跡地を訪ねてきたアルスターの人びとは、それを示す道路標識がまったくないことに気づくだろう。アイルランド共和国の当局は、美しい田園におけるこの場所を隠そうとしているのだろうか？」。批判はなおもつづく。観光地としての設備はほとんどなく、ようやく戦いにまつわる地図と作戦の内容を表示したパネルを見つけると、それは「ボイン河の戦いはまったく重要性をもたない歴史的な出来事であったと結論づけるかのような、ばかげた落書きで埋め尽くされている」。そして、そのような「偏狭な」ナショナリストの歴史観にたいし、「アルスターの人びとは、ウィリアム王の体制がもたらした『言論と宗教の自由』を賞賛しつづけるべきであることをよくわかっている」というのである。(4)

「文化」と政治

つぎに、「アルスター・ブリティッシュ」という文化的主張がもつ政治との緊張関係に注目してみたい。

『ニュー・アルスター』第三号の編集の辞では、創刊して間もない同誌への北アイルランド芸術審議会（Arts Council of Northern Ireland）の対応について、憤慨があらわにされている。アルスター協会は、『ニュー・アルスター』の価格を下げる目的で助成金を申請したところ、資金援助を拒否されたのである。理由は、『ニュー・アルスター』で扱われている記事が、「宗教的かつ政治的な信条」にもとづいた「身内にしか通じない歌や詩というお決まりの形式」で構成されているから、ということであった。これに対し、当時編集長を務めていたピーター・ブルックは、つぎのように反論している。

われわれは特定の団体や宗派や政党への関わりについて言及したことはない。『ニュー・アルスター』は、どこかの政党や教会の専属雑誌ではないのだ。ただ、われわれは、「アルスター・ブリテイッシュの文化的伝統」といっただけである。芸術審議会はそのことを、何らかの宗派や政党への忠実な支持とみなすというのだろうか？[5]

そして、ブルックは、北アイルランド芸術審議会の資金援助を受けている北アイルランドの文化雑誌のほとんどが、「アイリッシュ」を標榜しているものだと揶揄する。つまり「アイリッシュ」は政治的な偏りを示さないのか、という反論である。このように政治性から距離をおいているという姿勢をみせつつも、「文化の保護・促進」をうたった『ニュー・アルスター』における文化的主張は、資金援助をめぐる論争ひとつとっても、必然的に政治と切り離せないものであった。このことは、そもそも北アイルランドにおけるあらゆる主張が、すぐさま、対立する〈二つのコミュニティ〉をめぐる政治的言説に結びつけられてしまうことを考えれば、むしろ避けがたいことであったといえるだろう。アルスター協会は、いったんは資金援助を拒否されたものの、『ニュー・アルスター』誌上での批判が効を奏したのか、その後、「芸術的な関心にもとづいた特定の記事に対してのみ」援助を受けられることとなった。[6]どちらにせよ、運営資金をめぐる争いは、「文化」と「政治」の結びつきをもっとも如実に示すものであった。

しかし、アルスター協会は一方で、この両者の結びつきを前提として活動の目的を掲げていたのだともいえる。『ニュー・アルスター』第四号の編集の辞では、ナショナリストと比較したときのユニオニストのアピールの脆弱さを考えるうえで、「もし北アイルランドが連合王国の他の地域から切り離され、その制度的な位置づけが不安定なものになったならば、北アイルランドの政治にとって唯一の拠点とな

りうるのは、宗派において多数派であるということだけだろう」というエドワード・カーソンの言葉を紹介している。(7)

アイルランドが分断され、アルスターが「北アイルランド」としてこれまでとは異なる扱いを受けるようになって以降、ユニオニストが多数派支配のもとでユニオニズムにおける知的議論やその「文化的独自性」を追究してこなかったことが、今日におけるユニオニズムのアピールの難しさにつながっているというのだ。このことをブルックは、「恐ろしい政治的結果をもたらした文化的問題――すなわち文化と政治の分かちがたい結びつき」であると述べ、アルスター協会の課題は、「現在のわれわれにとっての必要性と状況にふさわしい、強力で自信に溢れた文化を進展させること」であるとしている。そして、こうした試みは、既存の「オレンジ的な」政治意識に訴えるだけではなしえない、と説くのである。(8)

「マイノリティ」化する「マジョリティ」

このような、自らが「理解されていない」、あるいは「不当に扱われている」という認識において、『ニュー・アルスター』における文化的主張は、さまざまなレトリックを用いて展開されている。これらの主張に頻繁に登場するのが、「対等な権利(equal rights)」、「公民権(civil rights)」、「シティズンシップ(citizenship)」、「多文化主義(multi-culturalism)」といった用語である。つまり、アルスターのユニオニスト/プロテスタントがその「文化的独自性」を主張し、文化的表象行為によってそれらを保護・促進するのは、「市民としての権利」であり、そうした「アルスター・ブリティッシュ」の存在は、「多文化国家イギリスのなかに位置づけられるべきである」(9)というわけである。このような主張の背景にある「包囲の心理」は、つぎのように説明されている。

メディアにおけるユニオニスト、プロテスタントの文化の一面的な描き方、誤った伝え方のために、アルスターにおいてブリティッシュでありプロテスタントであることの人権を掲げる人びとは、その文化的伝統と価値があらゆる側面において抑圧されている、と感じている。(10)

アルスターのブリティッシュ、プロテスタントの文化がその表現を否定され、正当な扱いを受けていないのは、メディアによる文化的差別である。(11)

アルスターのユニオニストは、個人のモラルの領域に対してその影響力と絶大な権力を行使することをいとわない、独裁的な教会の支配下にある偏狭なアイルランド・ナショナリズムに文化的に去勢され、その宗教的自由を否定されている。(12)

ここにみられるのは、「アルスター・ブリティッシュ」による自己の「マイノリティ化」であり、マイノリティのアイデンティティ・ポリティクスの領有である。つまり、「マジョリティによるマジョリティ中心の自己規定に対して、マイノリティによるマイノリティ中心の自己規定を対峙させ、公的に確立しようとするもの(13)」と考えられてきたアイデンティティ・ポリティクスにおいて、中心から排除されたマイノリティが自己の承認と権利獲得に向けて用いてきたとされるスローガンが、マイノリティによって自分たちの地位が追いやられていると感じる、「かつてのマジョリティ」に領有＝奪用されているのである。

さらにここで注目すべきなのは、そうした「対等な権利」、「公民権」、「シティズンシップ」、「多文化主義」といった概念と関わらせた「文化的主張」の根拠が、ブリティッシュネスにおける「先進性」、「普遍性」と結びつけられている点である。たとえばつぎのような例である。

ブリティッシュとしてのアルスターは、つねに文化的多様性を受け容れるのにそなえてきた。なぜなら、われわれは、複数の国籍をもった人びとと複数の文化からなるかつての大英帝国であるイギリス国家の一構成員として、そうしなければならなかったからである。(14)

こうしたレトリックは、第4章第三節でみた「新しいユニオニズム」の特徴のひとつでもあるが、ユニオニズムは「ネイション」ではなく「国家」、あるいは、「エスニシティ」ではなく「市民」という概念をめぐる言説であるとする主張は、両者がコインの裏表のように切り離せない関係にあることを見落としている。そうした主張の「先進性」、「普遍性」が、まさにブリティッシュネスの特性として語られているにもかかわらず、である。

では、このような「文化的主張」は結局のところ、どういった「文化」のありかたを求めているのだろうか。それを探る手がかりとして、まずは前にもふれた『ニュー・アルスター』創刊の辞をふたたび参照したい。

アルスター協会は、北アイルランドに二つの伝統が存在しているという状況において、それぞれの文化的アイデンティティを保護し促進することによって、すべての人びとの利益に向けてつくられる多元的な社会を信奉する。そのようにして、すべての市民は自らの文化的アイデンティティのもとで、居心地よく、安心していられるのだ。これは、視野の狭い、内向きの、排他的な考えなどではなく、むしろ、さまざまなアイデンティティを相互に尊重し、互いの思想や文化を豊かにするやりとりへの道をひらくものである[15](傍点は筆者)。

さらに、北アイルランドにおける「二つの伝統の和解」をめぐって書かれたコラムの内容をみてみよう。

アイルランド共和国政府とイギリス政府は、和解とは、二つの伝統が歩み寄ることなくしては実現しえないとわれわれに諭してきた。(中略)アルスターに必要なのは互いに対する寛容である。ナショナリストがアルスター・ブリティッシュの文化と伝統を受け入れ、アルスター・ブリティッシュがナショナリストの伝統を受け入れる。これが民主主義であり、ユニオニストはその信条の根拠を、ウィリアム派がもたらした近代イギリス国家における個人の市民的・宗教的な自由の防衛においているのである。(中略)二つの伝統は必ずしも、互いを受け入れるためにそれぞれの奥深くにある信条を妥協させる必要はない。寛容とは、「私は彼の言うことも、彼の立場にも賛同しない——ただ望むのは、私がありのままに、そして自分がこうありたいと思うとおりにいられるように、

そっとしておいてくれることである」。これが真の寛容なのだ。(16)

ここで主張される「文化」とは、けっして交じり合うことのないものである。そして、北アイルランドにおける「二つの伝統の和解」とは、相互理解をすすめるのでもなく、あるいは、互いに妥協の道を探るのでもなく、互いに干渉しあわない、口出しをしないことによって実現されるものとみなされているのだ。こうした主張には、長期にわたる紛争という暴力の影があまりにも大きいことが浮かび上がる。そして、アイデンティティ・ポリティクスとしてのユニオニズムとは、「包囲の心理」と「ブリティッシュネス」によって支えられた、「居場所の確保」のための言説なのである。

生き残るための「文化」

最後に、ユニオニズムが転換を迫られた一九八五年以降における、アルスター協会の活動が果たした役割と、そこでの「文化」にもとづいたユニオニズムについて考察しておきたい。アルスター協会の活動は、ユニオニストにとって以下のような意味をもつものであったと考えられる。

まず第一には、アルスター協会が、ユニオニストにとっての「文化」とは何かを論議する場を設け、また、その「文化」を実践し保存する機会を提供したという点である。協会の創設者のデイヴィッド・トリンブルや役員らがアルスター協会を通じて自らの思想を表現する一方で、アルスターの「文化」をめぐってさまざまな意見を収集する試みもおこなわれた。(17) 機関誌『ニュー・アルスター』や、協会による各種の活動は、それを通じて彼らの考える「アルスター」における独自の文化」を、北アイルランド内外に知らしめるものであった。

　第二には、「文化的アイデンティティ」を与えることでユニオニストに自信を回復させたことである。そこでの議論を通じた「文化」の「発見」「再創造」の過程で、ユニオニストは、ブリティッシュとしての誇りと、アルスターという「独自の」文化を有しているという自信をもつ機会を得た。一九八〇年代初頭におけるＩＲＡメンバーの獄中でのハンガー・ストライキを契機とした、「アイルランド文化」への関心の高まりのなかで、自らのアイデンティティに強い自信を得たナショナリストたちは、ユニオニストを「何者でもない者」、「自分たち自身の本当の文化をもたない者」として非難した。[18] しかし、アルスター協会は、そうではないことを証明する手段／媒体をユニオニストに与えたのである。

　第三には、アルスター・ユニオニスト党（ＵＵＰ）の政策路線では満足しきれなかった若年層のユニオニストを取り込むことに成功した点である。[19] この若い世代のユニオニストのアルスター協会への貢献は、ユニオニズムの転換期におけるダイナミズムを同協会の活動に吹き込むのに大きな役割を果たした。

　しかし、アルスター協会の活動は、同時にさまざまな矛盾を露呈させた。それはそのまま、ユニオニズムの「文化的主張」にみられる自己矛盾だったともいえる。

　まずは、アルスター協会の活動における、避けがたいものとしての「文化」と政治の密接な結びつきである。トリンブルの思想を反映した協会の活動目的は、宗派を超えた広がりをも視野に入れたものであった。しかし、一方での自己の存在基盤としての「文化」と、他方での開かれた「文化」という主張は、北アイルランドにおいては、多くの限界をもつ。つまり、「自ら」の文化的基盤を主張すればするほど、「異なる」文化に依拠する人びととの対立を深刻化させるからである。このように考えれば、「非政治」「非宗派」「開放性」を意図した「文化的主張」とは、そもそもはじめから大きな矛盾をはらんでいたことがわかる。「文化的主張」は、こと北アイルランドの文脈においては、〈二つの伝統〉に関わる政治的論争を内包するものだからである。

また、ユニオニスト／プロテスタントが自らの「文化的主張」の権利を訴えるなかで、ナショナリスト／カトリックに対して示した姿勢は、そのまま彼ら自身に向けることのできるものでもあった。たとえば、「プロテスタントにとって、ゲール語は彼らに向けられた武器とみなされており、ゲール語に対する嫌悪は避けがたいものなのである。もしプロテスタントの人びとがゲール語に何らかの価値を見いださなければならないとしたら、それは彼らに対して非攻撃的なものでなければならない」[20]といったゲール語への認識は、そっくりそのまま、ナショナリスト／カトリックによるユニオニスト／プロテスタントのパレードへの非難と重なる。また、「ナショナリストがウィリアム派戦争におけるアルスター・ブリティッシュの解釈の権利を認めないとすれば、どうやって二つのコミュニティのあいだの政治的交渉を期待できるだろうか？」[21]という表現は、和平交渉の過程において、ユニオニストが示す強硬姿勢をかえって彷彿とさせるものである。

「アルスター・ブリティッシュ」の文化における「戦いの記憶」の支配的な位置は、「包囲の心理」に裏づけられたものとみなすことができる。しかし、ユニオニストにとっては、自らの不安定な状況に打ち勝つための、あるいは、自らの誇りを保ちつづけるための物語であっても、それが「戦い」の記憶である以上、必然的にそこにはもう一方の「敗者」あるいは「抑圧された者」の存在がある。そして、このもう一方の存在こそが、ナショナリスト／カトリックの人びとの記憶であるとするならば、紛争という現代における「戦い」に見舞われた北アイルランドにおいて、ユニオニストの「文化的主張」は多くの困難をはらんでいるといわざるをえない。

暴力を封じ込め、どうにかして平和的な手段で共存のための交渉をはかってゆかなければならないなかで、たとえユニオニストが「戦いの記憶」を自らの守るべき「文化」や「伝統」と主張したとしても、そうした記憶にもとづいた「文化」は、政治的対立を煽ることのない象徴にはなりえない。さらに、「アルスター・ブリティッシュ」の文化は、「市民権」「多文化主義」「二つの伝統の尊重」といった「リベラルな」政治思想を標榜しつつ、それをブリティッシュネスに起因する特質であると評価している点においても、そもそもの矛盾をはらんでいる。

このような数多くの矛盾を抱えながらも、彼らはそのような主張にしがみつかざるをえなかった。それは、「文化」を通した自己表象が、不安と恐怖に取り囲まれるなかでの生き残りをかけた「戦い」だからである。

二　「文化」をめぐる戦い

「アルスター・ブリティッシュ」という新たなアイデンティティの創造を掲げて少なからぬ成果をあげたアルスター協会は、スタッフの減少や財政難などを背景に、一九九〇年後半には徐々にその活動規模を縮小させ、『ニュー・アルスター』も二〇〇一年の夏号を最後に休刊状態となっている。しかし、トリンブルがいち早く目をつけた「文化」をめぐる戦いは、一九九〇年代以降の大きな政治的変化のなかで、ますます熱を帯びていった。(22)

「尊重の等価性」

一九九四年の停戦、一九九八年の和平合意によって、武装組織、アルスター警察、イギリス軍を中心に展開されてきた暴力的な衝突は大幅に減少することとなる。それと入れ替わるように、「文化」という言葉をちりばめたさまざまな言説や活動が目立ちはじめるようになった。この背景にあるのが、今日、北アイルランドのいたるところに氾濫している「尊重の等価性（parity of esteem）」という概念である。

北アイルランドにおける二つの伝統を同等に扱い、また尊重するという意味にとれるこの言葉は、一九九二年から一九九三年にかけてのオプサール委員会以来、北アイルランドにおいて流行りの政治的な専門用語になった。独立市民団体「イニシアティヴ'92」によって、一九九二年五月に設立されたオプサール委員会は、北アイルランドが前進可能な道とそのために必要な議論、および人びとの理想、希望、不安を表現する機会を探ることを目的としていた。オプサール教授率いる七名のチームが六週間にわたって三〇〇〇人以上を対象に聞き取り調査を実施し、その結果をまとめたものが『オプサール報告』である。武装組織による暴力の応酬に替わる、合法的な政治にもとづいた対話の場を設けるためには、二つの伝統におけるアイデンティティと正当性に表現を与えるための新しい取り決めが必要であると説くなか、この報告の主眼として打ち出されたのが「尊重の等価性」であった。ナショナリズムとユニオニズムに対する完全に対等な扱いを確かなものにする構造がめざされない限り、長続きする安定は達成できない、というのである[23]。

この言葉のもつ豊かさは、トム・ヘネシーとロビン・ウィルソンの表現を借りるならば、「個々の市民にとっての機会と選択」を広く想起させることにあるといえる[24]。しかしながら、北アイルランドにおいては、その豊かさゆえの危うさが、すぐさま明らかになる。すなわち、「尊重の等価性」が、「文化をめぐる戦い」に胸を張って参戦するための新たなスローガンとなったのである。これをもっとも如実に映し出したのが、一九九五年のドラムクリーでの攻防を契機に深刻化した「パレード問題」であった。

パレード問題

パレードがきっかけとなる騒乱は、北アイルランドでは珍しいことではない。しかし、ドラムクリーでの出来事は、明らかにこれまでとは異なる政治的争点を、北アイルランドにもたらすことになった[25]。

事件は、一九九五年の夏、北アイルランド南部に位置するアーマー州のポータダウンという小さな街で起きた。毎年七月に、ドラムクリー地区でおこなわれていたオレンジ・オーダーのパレードが、行進ルートの変更を余儀なくされたのである。戦没者追悼のためのこのパレードは、ポータダウンのオレンジ・ホールから、アイルランド国教会のドラムクリー教会に向けて出発し、そこで追悼礼拝をおこなったのち、ガバキー・ロードを通って戻るというものだった。しかし、このガバキー・ロードは、かつてはプロテスタント地区であったのが、宗派別構成が変動して、いまやカトリック住民が大多数を占める地区となっていた。ルートの変更をめぐっては一九八〇年代半ばにも対立が起き、カトリック住民による反対運動がつづけられていたが、この年にアルスター警察によって下されたガバキー・ロードの通行禁止という決定は、一八八年間のパレードの歴史のなかで初めてのものであった。

この決定に憤慨したオレンジメンは、あくまでもガバキー・ロードの通行を要求し、礼拝を終えたのち、ドラムクリー教会での籠城（stand-off）を決行する。数千人を超えるロイヤリストが支援のために結集する一方で、一〇〇〇人を超える警官が配備され、石や瓶、プラスティック弾が飛び交うなか、二日にわたって攻防が展開された。暴動は北アイルランド各地に飛び火し、また、港に通じる道路が封鎖されたことによる経済的損害も甚大であった。結局この年のパレードは、民間の調停団体が仲介するかたちで、オレンジ・オーダー指導者、アルスター警察、カトリック住民との話し合いの結果、「楽隊《バンド》をともなわない無言の行進」という結論をみた。しかし、対立は翌年以降にも持ちこされ、イギリス軍の出動や多数の負傷者をだすなど被害はさらに拡大し、以降、北アイルランド各地で同様の「発火地点（flashpoints）」をめぐる対立を激化させることになったのである(26)。

わずか数百メートルにすぎないガバキー・ロードでの攻防は、「尊重の等価性」の名においてあくまでも伝統的な儀式を遂行する権利を主張したロイヤリストと、「尊重の等価性」に著しく反するかたちでパレード反対の意志をふみにじられたカトリック住民との、根深い断絶をあらわにした。かくして「尊重の等価性」は、〈二つのコミュニティ〉のあいだのゼロ・サム・ゲームに欠かせない用語となったのである。

アルスター・スコッツ・エイジェンシー

こうして、その「誤読」によって、あるいはその「誤読」ゆえに、北アイルランドにおける新たな政治の方向性を決定づけることになった「尊重の等価性」は、一九九八年の和平合意の中味にも大きく反映されている。

三〇年以上にわたる紛争経験が分断社会の形成に大きく影響してきたことは、すでに第2章で述べたとおりである。紛争の「解決」に向けての大きな前進として高く評価された和平合意は、文化的多様性の尊重、相互承認、寛容の重要性を説くことで、分断の克服のための道しるべを再確認している。このような精神にもとづいて設立された機構のひとつが、アルスター・スコッツ・エイジェンシー（*Tha Boord o Ulstèr-Scotch*）である。(27)

アルスター・スコッツとは、一七世紀にスコットランドからアルスター地方に入植した人びとのあいだで継承されてきたとされる言語である。アルスター・スコッツの言語と文化の保護・促進を掲げるこの部局は、同じくアイルランド語（ゲール語）の保護・促進機関であるフォラス・ナ・ゲールガ（*Foras na Gaeilge*）と姉妹部局の関係にあり、ともに和平合意を受けて誕生した六つの新・越境機構（new cross-border bodies）のうちのひとつである、南北言語機構の一部を構成する。政府の財政的な後押しがあるだけに、ベルファストのシティ・センターにオフィスを構え、さまざまなパンフレット、リーフレット類の刊行も充実しており、機関誌やインターネット、メーリングリストを通じての広報活動も幅広く展開している。

アルスター・スコッツ・エイジェンシーの目的は、「アルスター・スコッツ（Ullans）とその文化にまつわるさまざまな事柄を、北アイルランドおよびアイルランド島全体においてより多くの人びとに知らしめること」となっている。歴史的に深いかかわりがあるスコットランドとのつながりが強調されるが、何が、または誰が、そうした文化の担い手であるかについての曖昧さは、アルスター協会のそれと大きく重なる。ただ、特徴的なのは、実際はあまり変わり映えしない従来のユニオニスト／プロテスタント・アイデンティティの構成要素を取り出してみせるにすぎないとしても、「言語」の重要性を前面に掲げることによって、それらを脱政治化されたものとして表象しようとしていることである。そして、そのような仕組みは、もう一方のフォラス・ナ・ゲールガ部局の存在によって、すなわち、マイノリティの文化的権利の正当性をより認知されてきたアイルランド語と「相互承認」されることによって、保証されてしまうのである。

「アルスター・スコッツ」という新たなシンボルは、近年のプロテスタント・パレードの風景の一部としても登場してきており、「自分たちの死守すべき領域を守りつつもそれを極力政治化しない」という目的にかなった、いうなれば好都合なシンボルとして、今後ますます多用される可能性をもっている。

メイデン・シティ・フェスティヴァル

そうしたなか、伝統的な従来の「文化」のありかたを、新しい装いでもって提示するだけでなく、対話の可能性へと開こうとする試みもみられる。そのひとつとして注目したいのがメイデン・シティ・フェスティヴァル（Maiden City Festival）[28]である。

メイデン・シティ・フェスティヴァルは、毎年八月にデリーでおこなわれるアプレンティス・ボーイズのパレードを最終日とした、一週間にわたるフェスティヴァルである（写真24と25を参照）。「アプレンティス・ボーイズの歴史的伝統とプロテスタント文化を北アイルランド社会の多様性においてアピー

写真24　アプレンティス・ボーイズ・パレードの参加者たち（筆者撮影）

写真25「デリー解放」の様子を演じる地元の人びと（筆者撮影）

ルする目的」で、一九九八年にはじめられた。これは、一九九五年のドラムクリーでの事件以降、北アイルランド中を巻き込み、多くの犠牲をもたらすことになった「パレード問題」に対する、アプレンティス・ボーイズの答えとして発案されたものであった[29]。

パレードの時期に高まるコミュニティ間の緊張や衝突を緩和・回避しようとする意図において、フェスティヴァルのプログラムにみられる音楽やダンスの夕べなどの催しは、家族連れや観光客に多少なりともアピールし、この時期のデリーの街のイメージを変えつつあるといえる。また、フェスティヴァルと名打つことによって、前述のアルスター・スコッツ・エイジェンシーや企業からの協賛を可能にしたり、演劇、各種展示、サマースクール、講演などを通じた教育・文化交流の要素を盛り込むことで、「すべての人が参加できる（all is welcome）」中立的な場を演出しようとしていることをうかがわせる。最初の年は、アプレンティス・ボーイズの本部であるメモリアル・ホールの建物のなかですべての催しがおこなわれた小さなものだったが、近年ではホテルや観光案内所、新聞などを通じたプログラムの配布や、ラジオでの広告にも乗り出すなど、年々その規模を拡大し改善をはかっている。

興味深いのは、このフェスティヴァルが、「文化のショーケース」や「伝統の再確認」から一歩踏み出して、プロテスタント・コミュニティにとってのアイデンティティの問題にも正面から取り組もうとしている点である。たとえばサマースクールでは、「プロテスタント・コミュニティのニーズに応え、文化に関わる学習・教育へのアクセスを支援するフォーマットを提供する」という目的で、教育トラスト団体との連携による五日間の講座が設置される一方、「アルスター・スコッツ」のアイデンティティがもつ可能性と限界についてや、プロテスタント・コミュニティの振興におけるリーダーシップの欠如やスキル不足、無関心をめぐっての批判的な討議の場も設けられている[30]。

デリーは、紛争開始のきっかけとなったボグサイド地区での衝突でも知られるとおり、紛争の先鋭的な舞台となってきたが、北アイルランドのなかでもカトリック住民とプロテスタント住民の人口比率が大きく変化し、後者が〈マイノリティ化〉した典型的な都市である。近年では、街の真ん中を流れるフォイル河の西側にカトリック住民、東側にプロテスタント住民と、居住の分離傾向が著しく高まる一方で、コミュニティ間の宥和に向けて具体的な取り組みがおこなわれてきた（あるいはされざるをえなかった）街でもある。わずかにプロテスタント居住区が残された城壁周辺でのパレードの敢行じたいが、毎年物議を醸しているなかで、いかにアプレンティス・ボーイズ・パレードの伝統を守ると同時に、それを「開かれた」ものにしてゆけるのか。メイデン・シティ・フェスティヴァルは、そのための試金石でもあるのだ。

近年のアプレンティス・ボーイズ・パレードは、深刻な暴力的衝突もほとんど見られず、カトリック側の「見物人」と対峙することになる城壁内のダイアモンド地点付近での行進のさいも、なかば儀式的に野次の応酬が見られる程度になっていることを考えると、この新しい試みは一定の成果をみせているといえるのかもしれない。しかし、どれだけ「コミュニティ・フェスティヴァル」がすべての人に開かれたものだと主張しても、その主眼は最終日のアプレンティス・ボーイズのパレードである。また、かりに、さまざまな催しが緊張緩和に役立っているとしても、フェスティヴァルの参加者は大多数がプロテスタント住民であり、けっしてカトリック住民に受け入れられているとは言いがたい。マイノリティとマジョリティの権力関係の変化を身をもって感じさせられるデリーという街において、これが「和解」への前兆なのか、または、その前に立ちはだかる長い冷却期間であるのかを判断するには、いましばらくの時間を必要とするだろう。

北アイルランドにおける「文化的主張」の有効性は、それが、直接的な暴力を回避しながら「生き残る」ための、ぎりぎりの選択になりうるということにある。政治家による「和解」に向けての交渉がすすめられてゆく一方、人びとの暮らしにおける社会的・心理的な境界は、依然として簡単には乗り超えられないものとして存在しており、何らかのきっかけで、その境界をはさんだ両者のにらみあいが再燃する危険をつねに抱えている。「文化」にもとづいたアイデンティティの主張という選択は、こうした「行き詰まり」と「打開」、「対立」と「和解」のあいだで格闘するための、わずかに残された方法のひとつなのだ。

三　「和解」における不安と恐怖

「包囲」された「ブリティッシュネス」

三〇年にわたる日常化した暴力が、数多くの犠牲者と社会の分断をもたらしながらも、北アイルランドの人びとは一方で確実に平和を求めてきた。しかし、一九九八年の聖金曜日合意の実施が、ＩＲＡの武装解除をめぐる対立(31)とユニオニスト強硬派によるシン・フェインとの同席拒否、プロテスタントのパレードの行進ルートをめぐる対立、自治議会の停止などによって暗礁に乗り上げるたびに、誰にとっての「解決」であり「平和」なのかということが、重くのしかかってくる。そこには、政治家、武装組織、警察、一般市民のあいだでの認識のずれも大きいといえる。

このような互いに対立する主張をすりあわせ、対立を成り立たせてきた双方へのステレオタイプから脱却することによって、はじめて北アイルランドにおける「和解」の地平は開かれることになる。しかし、こうした「和解」に向けての転換を困難にさせてきた要因のひとつが、ユニオニストにおける不安・恐怖の問題である。

ユニオニズムは、植民地における入植者の心理を基盤とした、デリー包囲に代表される歴史的記憶の再生産を通じて、イギリス、アイルランド、ナショナリスト、カトリックとの諸関係のなかで「包囲の心理」を形成してきた。その不安定な地位を保証すべく切実に求められた「ブリティッシュネス」は、ブリティッシュネスそのものがはらむ複雑で矛盾に満ちた構造を暴露し、それゆえに、ユニオニズムの保証の基盤として機能しえない状況を生み出している。このユニオニズムが抱える「包囲」された「ブリティッシュネス」ともいえる緊張は、ユニオニズムのナショナル・アイデンティティにおける不安・恐怖という問題を浮き彫りにしている。

マジョリティの不安と恐怖

この不安・恐怖は、アルベール・メンミがいうところの「人種差別主義者《レイシスト》」のそれと重なる。すなわち、「自分が攻撃されると思い込んでいるから、おびえる人間。そして、その恐怖を追い払うために攻撃する人間」(32)。この「転倒した」マジョリティの恐怖、およびそれと一体になった暴力性は、今日世界のいたるところで「ホワイトネス」による反動として目撃されてもいる。[33] しかし、ここでもう一歩踏み出して考えるべきなのは、近年のユニオニストにとって、その恐怖がますます実体を帯びたものになってきているということではないだろうか。これは、以下の点において明らかである。

まず第一は、統一アイルランドの可能性である。連合王国内におけるスコットランドやウェールズの地域アイデンティティの高揚を背景として、これまで北アイルランド問題を「国内問題」と位置づけ、他の介入を許してこなかったイギリス政府は、一九七三年のサニングデール協定、一九八五年のイギリス゠アイルランド協定、一九九三年のダウニング街宣言といった和平提案において、それを「アイルランド民族問題」としてとらえる視点をうちだしている。[34] そして、一九九八年の聖金曜日合意においても、北アイルランドの将来の帰属を「住民の多数の同意によって定めるもの」という原則がとられた。こうしたなか、二〇〇一年の国勢調査では、北アイルランドに暮らす住民のうち、四三・七六パーセントが自らをカトリック・コミュニティ出身、五三・一三パーセントがプロテスタント・コミュニティ出身である、と回答している（巻末の表を参照）。北アイルランドにおける〈二つのコミュニティ〉の逆転が、やがて、北アイルランドのイギリスからの分離・アイルランドの統一を「自動的に」もたらす可能性は、ますます高まったのである。

第二は、北アイルランドのパワー・ポリティクスにおけるユニオニスト／プロテスタントの弱体化である。これは、植民地主義が継続する北アイルランドの歴史において、「二級市民」に貶められ、諸権利を求めて闘ってきたナショナリスト／カトリックが、それゆえに力をつけてきたことの裏返しである。一九九八年以降の和平プロセスにおける政治的変化は、ナショナリスト／カトリック・コミュニティに

写真26　北ベルファストのかつてのプロテスタント地区。空き家が並び，草が伸びほうだいになっている（筆者撮影）

「自信」と「被害者から対等な立場へ」という意識を、反対に、ユニオニスト／プロテスタント・コミュニティには、「喪失感」と「対等な立場から被害者へ」という意識をもたらした[35]。

第三は、生活の拠点を追われることへの脅威である。居住の分離傾向がきわめて高い北アイルランドにおいて、境界付近に暮らす住民が、相手側からの脅迫や嫌がらせによってその場所を追われるということは、紛争下では珍しくなかった。しかし、和平合意が結ばれた後も、カトリック・コミュニティに取り囲まれたかたちで残っていたプロテスタント・コミュニティの住人が、つぎつぎと家をあとにする、ということが起きている[36]。そのなかには、六〇年近くその地区に暮らしてきた高齢者も含まれている。このことは、連合王国における北アイルランドの地位や、北アイルランドにおけるユニオニスト／プロテスタント・コミュニティの地位が脅かされるといった問題以上に、日々の生活に直結している（写真26を参照）。

ひとつの可能性

北アイルランドにおけるユニオニストがいままさに直面しているのは、マジョリティが、かつて安穏としていたその座から、文字どおり転落するかもしれないという現実的な恐怖である。このことは、ユニオニストをさまざまなアイデンティティ・ポリティクスに駆り立てるとともに、彼らに繰り返しこう自問させてきた――「われわれはどこに向かってゆくのか？（Where do we go from here?）」と。

しかし、このような局面において、むしろ逆説的に「和解」への道が開かれると考えることはできないだろうか。少なくともそう予感させるような変化に向けての兆しが、つぎに引用する二人の言葉にはひそんでいる。

カトリック・コミュニティ出身のユニオニズム研究者であるコリン・コウルターは、北アイルランド問題に対するイギリス政府のアンビヴァレントな姿勢を批判し、和平合意以降の膠着状態をこれ以上避けたいならば、イギリスは北アイルランドから手を引くこと、また、そのための状態をつくりだすことを率直に表明すべきである、と述べている。そのうえで、彼はこうつづける。

イギリス政府が北アイルランドを手放すということを理解するようになれば、ユニオニストには未来はあるが、ユニオニズムにはない、ということがわかるだろう。政治的必然性から、ユニオニストは過去におけるさまざまな仮定を乗り超えて、よりよい政治にもとづいた未来へ向けて動き出さなければならなくなるだろう。ユニオニスト・コミュニティは、彼らが共有することになる島の人びととの、友好的で公正な関係を想像するために、もう一方の島への報われない愛着を捨て去るときさえくるかもしれないのだ[37]。

これに対し、プロテスタント・コミュニティ出身のユニオニズム研究者であるクリストファー・ファリントンはこう答えている。

ユニオニストは、アイリッシュ・ネイションの一部ではない。ユニオニストはまさに、二つの島のあいだの複雑な社会的、政治的、経済的、そして文化的な相互行為を真に体現するものである。この意味において、ユニオニストは、かつてアイルランドにおけるナショナリストの語りに挑戦した、歴史という学問の途上にあるのだ[38]。

ユニオニストがナショナル・アイデンティティの呪縛から簡単に抜け出すことができないのは、それが、自らの「確かさ」を保証する重要な役割のひとつを担っているからである。人はつねに自らの「居場所」を求める。そして、ナショナル・アイデンティティとは、安心感や居心地のよさを保証する重要な基盤のひとつである。けれども、ユニオニズムが明らかにしてきたのは、精神的／肉体的な不安・恐怖から身を守るものとしての自己のアイデンティティが、他者に対する差別や抑圧の構造をつくりあげてゆく過程であった。このことは、人間であれば誰もがもつ根源的な不安・恐怖を、どのように考えるかという問題につながる。他者との差異化・境界の設定は、他者の否認・差別・抑圧をいやおうなく生み出してしまうからである。

ユニオニストにとっての「和解」とは、対立してきた相手に対する不安・恐怖をどのように克服してゆくことができるのか、また、対話に向けての信頼へと変えてゆけるのかを試されることにほかならない。不安や恐怖がナショナル・アイデンティティに回収されてしまうということを、どのように乗り超えるか。そのためにはまず、自らの内にある不安や恐怖と向き合わなければならないはずである。ユニオニストにとっての「居場所」を想像する豊かな試みとは、その先にのみ、開かれているのではないだろうか。

エピローグ

「和解」か「隔離」か

北アイルランドは、一九九四年の停戦を期に、「和解」に向けて大きく動き出した。暴力の連鎖のなかにあった人びとの暮らしは、おそらく停戦前のタームでは語り尽くせないほど、大きく変化したといわれている。しかし、以前と比べてはるかに平穏な日常を手に入れたかのように見える北アイルランドにおいて、「平和」は実際のところ何をもたらしたのだろうか。

停戦後の「平和」とは、対立していた者どうしが「和解」したのではなく、互いに接触しないよう物理的に距離をとっていることを意味する。そのように思わざるをえない現象が、現在の北アイルランドにおいてそこかしこで見られる。たとえば、デリーでは、河をはさんだ街の西側（シティ・サイド）と東側（ウォーター・サイド）を見たとき、城壁のある西側に暮らすカトリック住民の割合がここ一〇年間で九割に増加した。これは、城壁側に居住していたプロテスタント住民が、河を越えて東側の地区に移り住んだためとされている。(1) また、北アイルランド全土でみても、プロテスタントのイギリス本土への移住は増加傾向にあるという。

こうしたなかで、一九八〇年代後半からナショナル・アイデンティティの意識調査に登場した「北アイルランド人」というカテゴリーは、北アイルランドにおける新たなアイデンティティの可能性として肯定的に評価されるだけではない、よりセンシティヴな問題をはらんでもいる。つまり、「アイリッシュ」、「ブリティッシュ」のどちらのアイデンティティも表明しないですむこのカテゴリーは、一定の距離感のなかでようやく成り立っている人びとの関係において、いたずらに相手を煽ったり警戒させることのない「礼儀正しい」回答でもある、ということである。(2) 一九九〇年代の停戦・和平合意が人びとにもたらしたものは、何よりもまず、暴力がふたたび起きることへの拒絶感であったのだ。

さらに、北アイルランドにおけるエスニック・マイノリティの存在も、北アイルランド問題の構造にまた異なる角度から影響を及ぼしている。(3) 北アイルランドでの非白人移民への差別や攻撃は、紛争におけるナショナリスト／カトリックとユニオニスト／プロテスタントの対立の影に隠れて、これまでほとんど省みられなかった。オレンジ・オーダーが七月一二日のパレードに向けて毎年発行しているパンフレットには、オレンジ・パレードにおける開放性が強調される一方で、まったく同時に、「非プロテスタント移民」の排斥が主張されている。(4) 移民の増加は、北アイルランドにおける対立の構造を変えるもっとも可能性の高い要素と考えられるが、一方では、「セクタリアニズム（宗派主義）」から「レイシズム」へ、対立の構図を単にずらすだけのものにもなりうる。こうした新たな線引きを回避するためには、「セクタリアニズム」と「レイシズム」の問題を、同一線上にとらえる視点が不可欠である。

ここで問われているのは、現実に、さまざまな背景をもつ人びとが同じ場所で共に暮らしている状況において、そのことが生み出す緊張や葛藤にどう向き合うのか、という切実な問題である。北アイルランドがさまざまに証明する「和解」の困難さや、境界を超える試みの難しさは、絶対的な解決法などありえず、それでもその状況をなんとか生きてゆくことでしか進展は望めないということを示している。

コミュニティをつなぐ試み――暴力と分断の乗り超え

長引く紛争において北アイルランド社会の分断が強まる一方、コミュニティどうしの接触や対話の場をつくることで状況の改善をはかろうとする試みは、一九七〇年代からすでにみられていた。そうした個々の活動を後押しし、より拡大するうえで大きな役割を果たしてきた代表的な存在が、コミュニティ関係協議会（ＣＲＣ）である。一九八六年に「人権に関する北アイルランド常設諮問委員会」に出された研究報告提議を受けて、一九九〇年に独立法人組織および登録チャリティ団体として設立されたＣＲＣは、北アイルランドにおけるプロテスタントとカトリックのコミュニティのよりよい関係を促進するとともに、文化的多様性の承認を促進することを目的としている。そして、活動のキーワードである「コミュニティ関係」と「文化的多様性」は、「多様性（diversity）」、「相互依存（interdependency）」、「公正（equity）」という相互に関連しあう重要な原則にもとづくもの、と位置づけられている。(5)

以上のような理念・目的のもとでＣＲＣがおこなう業務は、大きくつぎの三つの分野に分かれる。第一は、「各々の方針や実践に向けてコミュニティ関係を進展させるために他の組織を支援する」こと、第二は、「コミュニティ関係を重視する教会や団体と連携する」こと、そして第三は、「文化的多様性のさらなる受容と尊重を支援する」ことである。より具体的に述べるなら、ローカルな団体や組織への財政援助・助言・情報提供をおこない、コミュニティ間の理解を深める機会を設け、コミュニティ関係の活動を広く一般に知らしめ、北アイルランド全体での活発な議論を促すこととなる。現在、北アイルランドには、教会団体、（紛争犠牲者の）遺族組織、青年活動団体、元服役囚の団体、文化団体、コミュニティ開発団体など、一三〇以上のコミュニティ関係および平和活動に携わる組織が存在しているが、これらの多くがＣＲＣの援助を受けている。

ここでは、ＣＲＣの財政援助にもとづいたコミュニティ・レヴェルでの具体的な活動の一端に触れ、紛争を経験してきた社会において、どのような問題が焦点化されているのかをみてみたい。

コミュニティに根ざした活動

北アイルランドのコミュニティ関係をめぐる活動（community relations work）にとって、ＣＲＣは財政援助と情報提供の機関として大きな意味をもつ。各種のプログラムにもとづいた基金は具体的な行動を可能にするものであるし、ＣＲＣを通じて発行される数々の報告書やガイド、書籍、パンフレット、電子メディアなどは、有用なテキストとなるだけでなく、いま現在何が問題とされているのかを広く知る手がかりにもなる。ここでとりあげるファーセット・コミュニティ・シンクタンク・プロジェクト（ＦＣＴＴＰ）もまた、ＣＲＣの資金援助をもとに活動をおこない、その成果をパンフレットとして記録・出版するかたちで社会に還元しているプロジェクトである。[6] これまでに、特定のコミュニティを基盤とした多くの団体が、その活動を通じてコミュニティ関係におけるさまざまな提言をおこなってきた。

まず注目すべきなのは、紛争の犠牲者の家族に対する支援および相互扶助の活動である。これらの支援団体にみられるのは、経済的・社会的な支援の必要性だけでなく、個々の暴力の犠牲者はそれぞれに語るべき物語をもち、それらは耳を傾けられるべきだ、という共通の認識である。ここには、紛争の犠犠牲者が社会によって忘れ去られていること、さらに、誰が犠牲者であるかによってメディアなどがその死を峻別し、家族が二重三重に傷つけられているという背景がある。(7)

そうしたなか、西ベルファストを拠点とした犠牲者支援団体のHAVENは、「ニュー・ヴォイス（*New Voices*）」というプログラムとの提携において、「安全かつ価値判断を下されることのない環境において」自らの経験や他の人びとの痛みを分かち合うことが、紛争によって人生を大きく左右された人びとが傷を癒してゆく過程で、いかに重要であるかを述べている。(8) また、多くの支援団体がどちらかのコミュニティに基盤をもつのに対して、WAVEは、宗派や性別、地域を超えたさまざまなメンバーによって構成されており、単に犠牲者の声を聞くだけではなく、それらを政府や政治家、そして社会全体に向けてアピールすることをめざしている。(9)

このようにまだわずかではあるが、暴力という共通の経験は、ときとしてコミュニティを超えた活動を可能にする。それを別のかたちで示しているのが、「希望の種（Seeds of Hope）」という元服役囚によるプロジェクトである。(10)

リパブリカンとロイヤリスト両方の元服役囚によって構成されたメンバーは、FCTTPのプロジェクトのひとつというかたちで、自らが直接暴力に携わるようになった過程を語っている。彼らの多くに共通する、分断社会のもっとも緊迫した環境に育ったという背景、何らかの暴力行為を通じたもう一方のコミュニティとの出会い、北アイルランドの政治情勢の影響、コミュニティを守るという意識や、アイデンティティ、男らしさの証明としての武装組織への加入、よく知らないからこそ可能となる「敵」の非人間化と自らの正当化……。

こうした試みは、果たして彼らの声が社会に受け入れられるのか、また、元服役囚全体を代表しうるものかという点では、もちろん多くの問題を含んでいる。しかし、紛争において暴力を行使した「加害者」を、彼らもまた「犠牲者」であったとしたとき、暴力を生み出し継続させてきた特有の社会・経済構造が浮き彫りになる。

たとえば、ベルファストにおける紛争の犠牲者の七〇パーセントが「ピース・ライン」から五〇〇メートル以内に居住しており、紛争の主な舞台であるそれらの地域では、失業率がベルファスト全体の平均より三倍高いというデータがある。これが示しているのは、「紛争においてもっとも苦しんだ人びとは、日々の生活にも苦しんでいる人びとである」[11]という、労働者階級、とりわけインターフェイス・コミュニティが抱える現実である。

これらのコミュニティを中心としたプロジェクトが明らかにしているとおり、貧困や不十分な教育、高い失業率が、無気力感や社会からの疎外感をもたらしていること、そして（苛立ちからにせよ、大人たちの決めつけにせよ）頻発する若者の「反社会的行為」に対して、警察が監視の目を光らせ、あるいは武装組織が「懲罰（punishment）」をおこなうという環境、さらに、隣り合う「敵」との小競り合いが日常的に繰り返され、互いへの恐怖心や敵対心が増幅してゆくという状況は、さらなる暴力を誘発する危険をつねに抱えている[12]。

こうした社会・経済構造の改善はコミュニティが直面している大きな課題だが、コミュニティを支えるうえで、「文化」というものをどのようにとらえ、維持してゆくかということもまた、重要な取り組みとして位置づけられている。たとえば、東ベルファストのプロテスタント・コミュニティを拠点とするプロジェクトは、各界のユニオニストの識者を交えて、プロテスタント／ユニオニスト・コミュニティをまとめあげるうえで中心的な役割を果たしてきた組織である、オレンジ・オーダーの意義を問いなおしている。また別のプロジェクトでは、プロテスタント文化がオレンジ公ウィリアム（ウィリアム三世）やパレードばかりで語られることに対し、その多様性を見つめなおしたうえで、いかに豊かなものにしてゆけるかを提言している。(13)

コミュニティ関係とは何か

早くは一九七〇年代からはじまり、一九九〇年代以降はＣＲＣの後押しによって質・量ともに発展してきたコミュニティ活動の歴史を振り返るならば、ここで問題にされている事柄は、これまでのコミュニティ活動をふまえた一定の批判的総括としてみることができる。すでに紹介したプロジェクトに加えて、若者や高齢者、女性が主体となった多岐にわたるテーマを見わたしたとき、ＦＣＴＴＰによるコミュニティを基盤とした活動は、これまで耳を傾けられることのなかったさまざまな声を拾い出してゆく試みであることがわかる。

こうした活動の必要性が強く認識される背景には、政治レヴェルでの和平プロセスとコミュニティにおける現実との乖離がある。さまざまな社会・経済問題が凝縮され、暴力と隣り合わせにおかれた、とりわけ労働者階級の人びとにとって、政治レヴェルでの進展がどれだけ自分たちの日々の暮らしの向上につながるのかという疑問は、しばしば聞かれる。たとえば、停戦から和平合意とつづいた一定の「平和」ムードのなかで急激に増加した再開発が、ローカルなコミュニティのニーズに対応していないという批判が多く存在する。再開発によって、それまでのコミュニティが破壊され、コミュニティ自身には何の利益ももたらしていない、という指摘である。結果として、コミュニティの人びとが抱くのは、むしろ取り残されているという気持ちであり、自分たちを取り巻く状況への不安感・絶望感・無気力感なのだ[14]。

このように考えるならば、FCTTPによるこれら一連のプロジェクトは、「政治的楽観主義」と「社会的悲観主義」といわれる二つのレヴェルの溝を、少しずつではあってもコミュニティの側から埋めてゆこうとする試みとして位置づけられる。

しかし、これらの一連のプロジェクトを見わたしてみると、「コミュニティ関係」という言葉から想像するような、コミュニティどうしが実際に境界を超えて連携するいわゆるクロス・コミュニティ・ワークが、思いのほか少ないことに気づかされる。このことは、当事者であるコミュニティに暮らす人びとにとって、また別のレヴェルでの懐疑心や違和感、反発や抵抗があることを示している。それは、CRCなどが積極的に推進する「コミュニティ関係をめぐる活動」そのものに向けられている。

まさにこの点を主題としておこなわれたのが、二〇〇一年以降、コミュニティ間の暴力的な衝突の舞台となった北ベルファストを基盤としたプロジェクトである[15]。コミュニティ活動家たちによる討論は、「コミュニティ関係」が何をさすかについてのコンセンサスがないこと、しかし実際にはそれが、それぞれのコミュニティの信条を捨て、なかば強制的に歩み寄らせるようなクロス・コミュニティ・ワークとして認識されていること、また、そうした活動が、紛争をプロテスタントとカトリックの対立としてのみ再定義し、根深い歴史的・政治的な背景を無視しかねない、などの問題を指摘している。

こうしたコミュニティ関係をめぐる活動への否定的評価は、プロテスタントの労働者階級においてより顕著である。東ベルファストのロイヤリスト元服役囚支援団体は、コミュニティ関係をめぐる活動へ疑念を抱くコミュニティ側の声を集めたうえで、直接ＣＲＣ代表者との意見交換を重ねている。(16) 多くの人びとはこうした活動の詳細を知らず、「プロテスタントとカトリックが何かを一緒におこなうもの」と考えており、相手側のコミュニティに対する不信感や恐怖を抱いたり、それらに参加することによる自分側のコミュニティからの非難を恐れている。

また、コミュニティを超える活動が、すでに根深く分裂しているプロテスタント・コミュニティをさらに弱体化させるのではないかという懸念や、活動をおこなうだけの十分なスキルがないこと、コミュニティを超えるという以前に、まず自分たちのコミュニティが抱える問題に取り組んだうえで自信をつけることが先決である、という意見も多く聞かれる。これは、ＦＣＴＰにおけるプロジェクトをみただけでも、文化や伝統の維持、コミュニティの統合といったテーマがプロテスタント・コミュニティの側に多いことからもわかる。むしろ問題にされているのは、プロテスタント内部における断片化したさまざまなコミュニティ関係であり、必要なのはシングル・アイデンティティ・ワークだ、という主張である。(17)

ここで、「コミュニティ関係」という概念をどのように理解するかについて、あらためて考えなければならない。すなわち、冒頭で述べた「コミュニティ関係」と「文化的多様性」というＣＲＣの理念が示すとおり、シングル・アイデンティティ・ワークは、むしろコミュニティ関係をめぐる活動のなかでの重要な領域のひとつだ、という点である。「もしそうでないならば、事実、居住区や学校や職場が分断されている状況において、これほど滑稽なことはない」というCRCの広報担当者は、つづけてつぎのように述べている。

多くの人びとにとって、シングル・アイデンティティ・ワークはスタート地点であり、〈自分たちの内部〉にある問題を語り、自信をつけてゆくことです。けれども、自分たちの考えや声をつねにほかの場所に向けて発信すること、そうでなければただの独りよがりになる。より平和な社会というのは、自分たちが互いに何者で何を信じているのかにもとづいて、より建設的なかたちで〈ともに〉活動できるようになったときはじめてやってくるのです(18)。

とはいえ、シングル・アイデンティティ・ワークをおこなううえでも、さまざまな問題が立ちはだかる。CRCの初代会長であり、数々の紛争解決／平和構築プロジェクトに携わってきたマリー・フィッツダフは、紛争を抱えた社会では、ほとんどすべての人や多くの機関がどちらかの側に偏っているか、あるいはそのようにみなされてしまうこと、とりわけ、中立性の問題は、ローカルなレヴェルでさまざまな提言をおこなうコミュニティ・ワーカーやその育成者に大きく関わる問題である、と述べている(19)。これが、ともすれば紛争の犠牲者と加害者が同じ場に居合わせる可能性があるクロス・コミュニティ・ワークになれば、なおさらである。

このように考えるなら、「コミュニティ関係」の名のもとでおこなわれる諸活動は、むしろ活動の難しさの重層性をさまざまな角度・立場から開示するものであるといえるだろう。しかし、こうした問題と向き合あったうえでのクロス・コミュニティ・ワークの興味深い成功例もある。そのひとつが、西ベルファストのインターフェイス・コミュニティにおける、携帯電話を使用したネットワークづくりと暴力の予防である。[20] 限られた接触しかない隣り合うコミュニティにとって、相手側に対する不信感や恐怖、噂は、ほんの些細な出来事と連動することでつねに暴力的な衝突の引き金となってきた。両コミュニティの住人が、ヴォランティアであらかじめ決められたルールにもとづいて携帯電話を所有し、そうした場面にさいして正確な情報を伝えあうことで、できるだけ暴力を未然に防ぐというこの試みは、少しずつではあるが互いに信頼関係を築いてゆくための大きな一歩となったのである。

格差と選択肢

コミュニティ関係の活動の現場は、紛争を「解決」するということが、いかに複雑で相互に連動しあったプロセスであるかを如実に示しているが、自分たちの足元から行動を起こそうとするこうした活動の一定の成果は評価すべきである。しかし、そのことによって、境界を超えようとする積極的な試みが広く浸透しつつあるとみなすことはできない。繰り返し述べるなら、むしろ、北アイルランド社会が直面しているのは、和平プロセスにおいて徐々に顕在化している、もうひとつの分断とコミュニティ間の乖離なのである。

よくいわれるようなカトリックとプロテスタント、ナショナリストとユニオニスト、アイリッシュとブリティッシュという区分だけでなく、紛争という暴力を軸にしたとき、そこにはまた別の二つの世界が存在する。一方の世界では、人びとは暴力と距離をとり、北アイルランドが紛争においてのみ語られることを拒否する。ここでは、紛争とは、自分でスイッチをオフにできるテレビのニュース番組である。だがもう一方の世界に、オン／オフのスイッチはない。紛争は、これがあの通りだ、今日がまさにあの出来事があった日だというように、自分の頭のなかでつねに響く声である。紛争は選択できるものではないのだ。[21]

すると、一見、矛盾しているかのような近年の北アイルランドを語るさまざまな現象、たとえば、新しい店やレストランがつぎつぎと建ち並ぶシティ・センターのにぎわい、いまなお繰り返されるコミュニティ・レヴェルでの住民どうしの衝突、郊外やイギリス本土への移住の増加、試行錯誤しながらのコミュニティ活動などが、示唆するものがみえてくる。すなわち、暴力から距離をとることができるために問題に関わらずにいられる人びとがいる一方で、暴力と隣り合っているために問題に向き合わざるをえない人びとがいるということである。そして、これらの〈より多くの選択肢をもつ人びと〉と〈選択肢の限られた人びと〉との格差が拡がるなかで、大多数の人びとが選んでいるのは、和平プロセスという言葉から安易に想像できるようなコミュニティ間の越境よりも、互いに距離をとることで保たれる過渡的な「平和」なのである。

けれども、三〇年以上におよぶ紛争に十分傷つき、うんざりした人びとにとって、このようなかたちでの「平和」は必要なプロセスであるのかもしれない。一進一退する和平交渉のもとで、危なっかしいものであっても一度「平和」を享受した人びとは、もう二度とかつてのような日々に戻りたくはないという強い気持ちを抱いているはずである。そして、誰もがみな紛争をつくりだした一部であり、また、紛争を解決できるかもしれない一部であると考えるなら、この過渡的な「平和」において、自らの居場所を確保するためのさまざまな試みの過程で生まれる関係性の再解釈が、「社会の共有」を可能にしうるひとつの方法となるかもしれないのだ。

暴力がいとも簡単に破壊したものを取り戻すのは、小さなかけらをひとつずつ積み重ねてゆくような、気の遠くなる作業である。しかし、そのようにして、人びとは北アイルランド紛争を生きている。

註記

第1章　北アイルランドという〈場〉

（1）日本語の「イギリス」という言葉は、「イングランド王国」を意味するポルトガル語の'Ingles'を、江戸時代に「イギリス」「エゲレス」と表記したことに由来する。しかし、ここには、「グレート・ブリテンおよび北アイルランド連合王国」と「（イングランド・スコットランド・ウェールズからなる）グレート・ブリテン」「イングランド」との区別はみられない。

（2）アイルランド北部をさす伝統的な名称であり、アイルランド島の三二州のうち、北部の九州に相当する。現在の北アイルランドはそのうちの六州からなる。

（3）ひとくちにプロテスタントといっても、アイルランド国教会（Church of Ireland）、プレズビテリアン、クエーカー、ユグノーなどの諸宗派があり、これらはアイルランドの歴史においてつねに一枚岩であったわけではない。

（4）この法律によって、内務大臣は、集会・行進の禁止、団体・結社の非合法化、新聞・出版物の発禁、夜間外出の禁止、検屍の停止、財産の収用・移動・破壊、特定地域からの住民排除、裁判なしでの無期限の容疑者拘禁（インターンメント）などを、治安の維持という理由で実施する権限をもち、アルスター警察がそれらを実行した。これらの取り締まりは、主にカトリック、とりわけＩＲＡを対象とするものであった。

(5)「デリー」という呼称は、市内の両方のコミュニティにおいて一般的に用いられているが、市外ではしばしば政治的な意味合いを込めて「ロンドンデリー」という呼称が用いられる。ここには、一六一三年に、ロンドン市経営の拓殖会社によって、市の正式名称が「デリー」から「ロンドンデリー」に改称されたという植民地主義的な歴史に対し、どのような政治的立場をとるかという問題がある。近年では双方の歴史観に配慮した Derry/Londonderry という表記も多く見かける。本書ではユニオニズムを考察の対象としていることから、ユニオニストにおいて頻繁に用いられる用語を文脈に応じて使用せざるをえないが、Derry/Londonderry に関しては一貫して「デリー」を用いることとする。

(6) 本書では、北アイルランド紛争との関わりという観点から修正主義を扱ったが、修正主義の社会的背景と、より詳細な議論については、Ciaran Brady (ed.), *Interpreting Irish History: The Debate on Historical Revisionism, 1938–94*, Dublin: Irish Academic Press, 1994; D. G. Boyce and Alan O'Day (eds), *The Making of Modern Irish History: Revisionism and the Revisionist Controversy*, London: Routledge, 1996; 勝田俊輔「『共同体の記憶』と『修正主義の歴史学』」『史学雑誌』第一〇七編第九号、一九九八年九月、八〇–九五頁、高神信一「アイルランド民族運動史の研究動向——修正主義歴史家とフィーニアン運動」『歴史学研究』第七〇九号、一九九八年四月、三五–四四頁を参照のこと。

(7) 勝田「『共同体の記憶』と『修正主義の歴史学』」、八〇–八一頁。

(8) ここでの「修正主義者」の歴史家の代表としては、T・W・ムーディ、F・S・L・ライオンズ、R・フォスター、「ナショナリスト」の歴史家の代表としては、D・フェンネル、B・ブラッドショーがあげられる。

(9) 以上のことからもわかるように、アイルランドにおける修正主義論争は、アイルランドが植民地支配を受けた側であるという点で、近年のドイツ、フランス、日本における「歴史修正主義」とはまた異なる枠組みをもっているといえる。この点での比較対象としては、韓国における修正主義を考察した尹健次『現代韓国の思想——一九八〇–一九九〇年代』岩波書店、二〇〇〇年をあげておく。

(10) 日本におけるアイルランド研究としては、堀越智『アイルランド イースター蜂起一九一六』論創社、一九八五年、同『アイルランド 独立戦争一九一九—二一』論創社、一九八五年、堀越智編著『アイルランドナショナリズムの歴史的研究』論創社、一九八一年、上野格「イギリス史におけるアイルランド」青山吉信・今井宏編『概説イギリス史』有斐閣、一九八二年、二五九―二八七頁、同「アイルランド」松浦高嶺・上野格著『イギリス現代史』山川出版社、一九九二年、二九一―三五〇頁、松尾太郎『アイルランド問題の史的構造』論創社、一九八〇年、同『アイルランド民族のロマンと反逆』論創社、一九九四年、安川悦子『アイルランド問題と社会主義――イギリスにおける「社会主義の復活」とその時代の思想史的研究』御茶の水書房、一九九三年、山本正『「王国」と「植民地」――近世イギリス帝国のなかのアイルランド』思文閣出版、二〇〇二年、小関隆『一八四八年――チャーティズムとアイルランド・ナショナリズム』未來社、一九九三年、高神信一『大英帝国のなかの「反乱」――アイルランドのフィーニアンたち』同文舘出版、一九九九年、森ありさ『アイルランド独立運動史』論創社、一九九九年、小関隆・勝田俊輔・高神信一・森ありさ「アイルランド近現代史におけるナショナリズムと共和主義の『伝統』」『歴史学研究』第七二六号、一九九九年九月、二一―三三頁、勝田俊輔「アイルランドにおける宗派間の融和と対立――一八二〇年代のダブリンの事例から」深沢克己・高山博編『信仰と他者――寛容と不寛容のヨーロッパ宗教社会史』東京大学出版会、二〇〇六年、一八三―二一二頁などがあげられる。詳細な研究史整理については、戦前の日本におけるアイルランドへの関心を明らかにした上野格「日本におけるアイアランド学の歴史」『思想』第六一七号、一九七五年一一月、一二六―一四五頁、比較的最近の研究までを含めたものとして、高橋純一『アイルランド土地政策史』社会評論社、一九九七年を参照のこと。矢内原忠雄のアイルランド論を詳細に論じたものとしては、斉藤英里「矢内原忠雄とアイルランド――周辺からみた植民学」中村勝己編著『歴史のなかの現代――西洋・アジア・日本』ミネルヴァ書房、一九九九年、二五七―二八三頁がある。北アイルランド研究としては、堀越智『北アイルランド紛争の歴史』論創社、一九九六年、分田順子「新しい権力分掌の理念と形――北アイルランド社会の共有をめざして」吉川元編『国際関係論を超えて――トランスナショナル関係論の新次元』山川出版社、二〇〇三年、一四九―一七六頁などがあげられる。ところで、アイルランドにおける修正主義論争をふまえるなら、これらの研究においてもやはり、直接の当事者ではない立場から、どのように「アイルランド問題」および「北アイルランド問題」をとらえるかという発話の位置が問われることになるのはいうまでもない。

（11） ナショナル・アイデンティティ調査は、人びとの「実体的な」状況を示すものというよりも、そうした調査を通じて人びとの認識をつくりだすものとしてとらえられるべきである。同時に、そこに示された数字がそのときの社会状況との関わりで何をあらわしているかが注意深く考えられなければならない。たとえば、紛争下の北アイルランドでは、「無回答」や、実際とは異なる回答をよりひきだしやすい。John Whyte, *Interpreting Northern Ireland*, Oxford: Oxford University Press, 1990, p. 4.

(12) ジョン・ホワイト（John Whyte）の代表的著作であり、北アイルランド問題研究の「古典」にもなっている *Interpreting Northern Ireland*, Oxford: Oxford University Press, 1990 は三部から構成される。第一部では、北アイルランドのコミュニティ分断における宗教・経済・政治・心理的特徴の考察が、第二部では、先行研究の整理と分析が、第三部では、これまで提示されてきた北アイルランド問題のさまざまな「解決策」に対する評価と、今後の北アイルランド研究への提言がおこなわれている。

(13) もちろん、このうちのひとつのみを対立の構図として掲げる研究者はおらず、ほとんどが少なくとも二つ、多くが三つを受け入れており、またすべてが存在するとみることも不可能ではないという注釈が加えられている。Whyte, *Interpreting Northern Ireland*, p. 114.

(14) ここでの「伝統的」という言葉は、紛争がはじまる以前の北アイルランド問題認識をさしており、アイルランド統一、あるいはイギリスとの連合維持を主張しつつも、紛争の核心は北アイルランドにおける二つのコミュニティ間の関係にあると考える「今日」のナショナリスト・ユニオニスト的解釈は、四番目のカテゴリーに入ることになる。Whyte, *Interpreting Northern Ireland*, pp. 114–115.

(15) 伝統的ナショナリスト解釈による代表的研究としては、Henry Harrison, *Ulster and the British Empire 1939: Help or Hindrance?*, London: Robert Hale, 1939 があげられる。

(16) 伝統的ユニオニスト解釈による代表的研究としては、Ronald John McNeill, *Ulster's Stand for Union*, London: John Murray, 1922 がある。M. W. Heslinga, *The Irish Border as a Cultural Divide*, Assen: van Gorcum, 1979 は、ユニオニストの観点をわかりやすく説明している。また、Dennis Kennedy, *The Widening Gulf: Northern Attitudes to the Independent Irish State*, Belfast: The Blackstaff Press, 1988 は、アルスター・ユニオニストにとっての南アイルランドからの脅威

を時期ごとに分析している。

(17) アイルランド問題のマルクシスト解釈は、アイルランド独立運動家J・コノリーの思想に代表される。マルクス＝エンゲルスのアイルランド問題についての論稿は、Karl Marx and Frederick Engels, *Ireland and the Irish Qusetion,* London: Progress Publishers, 1971 にまとめられている。なお、マルクスとエンゲルスの認識の違いについては、安川『アイルランド問題と社会主義』、第八章を参照されたい。

(18) Whyte, *Interpreting Northern Ireland,* pp. 179–182.

(19) もはや北アイルランド問題を学問的に記述しようとしている研究者で、「ひとつの」ネイションの立場をとる者はいない。そこでは、アイルランド統一の最大の障害は、アルスター・プロテスタントのコミュニティにあると考えられているが、だからといってそれはイギリスの責任を不問にすることではない。Whyte, *Interpreting Northern Ireland,* p. 141.

(20) ナショナリストの観点からアルスターにおけるユニオニスト・イデオロギーを分析した先駆的研究として、David Miller, *Queen's Rabels: Ulster Loyalism in Historical Perspective,* Dublin: Gill and Macmillan, 1978 がある。

(21) 代表的研究として、A. T. Q. Stewart, *The Narrow Ground: Aspects of Ulster, 1609–1969,* London: Faber & Faber, 1977 がある。

(22) 代表的研究として、Paul Bew, Peter Gibbon and Henry Patterson, *The State in Northern Ireland 1921–1972: Political Forces and Social Classes,* Manchester: Manchester University Press, 1979 や Thomas Wilson, *Ulster: Conflict and Consent,* Oxford: Basil Blackwell, 1989 がある。

(23) Whyte, *Interpreting Northern Ireland,* p. 182.

(24) たとえば、Tom Nairn, *The Break-Up of Britain: Crisis and Neo-Nationalism,* London: NLB, 1977; Belinda Probert, *Beyond Orange and Green: The Political Economy of the Northern Ireland Crisis,* Dublin: The Academy Press, 1978; Bew, Gibbon and Patterson, *The State in Northern Ireland 1921–1972* がある。

(25) 「修正主義」マルクシスト解釈の先駆者であるイギリス・アイルランド共産主義者団体（British and Irish Commu-

nist Organization: BICO）によるもの。ＢＩＣＯは、一九六九年の時点では伝統的マルクス主義のポジションにいたが、一九六九年から七二年にかけて伝統的解釈から大きく移行して正反対の見解を示すにいたった。コノリーのマルクス主義が共産主義的ナショナリズムならば、ＢＩＣＯのマルクス主義は、共産主義的ユニオニズムとみなしうる。Whyte, *Interpreting Northern Ireland*, pp. 182–184.

（26）Whyte, *Interpreting Northern Ireland*, p. 187.

（27）内紛解釈による先駆的研究としては、Denis Barritt and Charles Carter, *Northern Ireland Problem: A Study in Group Relations*, 1st ed, Oxford: Oxford University Press, 1962; Richard Rose, *Governing without Consensus*, London: Faber & Faber, 1971が、その他の代表的研究としては、Morris Fraser, *Children in Conflict*, London: Secker and Warburg, 1973; John Darby, *Conflict in Northern Ireland*, Dublin: Gill and Macmillan, 1976; Delvra Murphy, *A Place Apart*, London: John Murray, 1978; Ken Heskin, *Northern Ireland: A Psychological Analysis*, Dublin: Gill and Macmillan, 1980; John Hickey, *Religion and the Northern Ireland Problem*, Dublin: Gill and Macmillan, 1984がある。ここで注意しておきたいのは、紛争を北アイルランドにおける「内紛」とみることが、北アイルランド問題を構成する他の外的要因をまったく無視することではないという点である。しかし、どの程度外的要因を考慮するかで内紛解釈は大きな幅をもつ。たとえば、外的な諸権力のせめぎあいと内紛との相互関係に注目したFrank Wright, *Northern Ireland: A Comparative Analysis*, Dublin: Gill and Macmillan, 1987も、ホワイトはこのカテゴリーに位置づけている。

（28）ホワイトは、「今後の研究が向かうもっとも有望な方向は、『内紛』解釈がその有効性を長続きさせることであり、また、新たなパラダイムが姿を現わしつつありさえすること」とし、北アイルランドにおける各地域の多様性に注目するものとして、自ら「異なる諸地域に対する異なる政治的対応（different political arrangements for different areas）」というアプローチを提示している。Whyte, *Interpreting Northern Ireland*, pp. 243, 259. これに対し「ナショナリストとユニオニストは、ホワイトの地域主義的（localist）アプローチを、アイルランドの失地回復主義（Irish irredentism）や、北アイルランドにおける多数決主義を保証し管理するイギリスの役割といった、避けがたい外的要因を過小評価する無益な試みとみなすだろう」という批判がある。Paul F. Power, 'The Anglo-Irish Problem: A Matter of Which

Question', *Comparative Politics,* Vol. 26, No. 2, January 1994, p. 248.

(29) John McGarry and Brendan O'Leary, *Explaining Northern Ireland: Broken Images,* Oxford: Basil Blackwell, 1995.

(30) Joseph Ruane and Jennifer Todd, *The Dynamics of Conflict in Northern Ireland: Power, Conflict and Emancipation,* Cambridge: Cambridge University Press, 1996.

(31) McGarry and O'Leary, *Explaining Northern Ireland,* p. 326; Ruane and Todd, *The Dynamics of Conflict in Northern Ireland,* pp. 6–7.

(32) 一九九八年の和平合意はいうまでもなく北アイルランドにとって大きな転換点であるが、その後の政治的停滞は、北アイルランド問題への総合的アプローチにとっても困難なものとなっている。とはいえ、個々の研究分野においてこの間の政治的変化にともなう「再考」がさまざまなかたちでおこなわれている。なかでも、John Coakley (ed.), *Changing Shades of Orange and Green: Redefining the Union and the Nation in Contemporary Ireland,* Dublin: University College Dublin Press, 2002 は、ナショナリズム、ユニオニズム、リパブリカニズム、ロイヤリズムなどのテーマを、それぞれに関わりの深い政治家と研究者が両方向から再定義するというユニークな試みとなっている。そのほか和平合意を分析したものとして、Joseph Ruane and Jennifer Todd, 'After the Good Friday Agreement: Analysing Political Change', in idem, *After the Good Friday Agreement: Analysing Political Change in Northern Ireland,* Dublin: University College Dublin Press, 1999; Michael Cox, Adrian Guelke and Fiona Stephen, *A Farewell to Arms?: From 'Long War' to Long Peace in Northern Ireland,* Manchester: Manchester University Press, 2000 をあげておく。

(33) Whyte, *Interpreting Northern Ireland,* pp. 254, x.

(34) John Darby, 'Ideological Shifts', *The Irish Review,* No. 10, Spring 1991, p. 122.

(35) 北アイルランドにおけるアイデンティティを問題にした研究では、二つのコミュニティがともにマイノリティであるとする「ダブル・マイノリティ」、カトリックはアイルランド全島において、プロテスタントは北アイルランドにおいてともにマジョリティであるとする「ダブル・マジョリティ」、カトリックは北アイルランドにおいて、プロテスタントはアイルランド全島および連合王国においてマイノリティであるとする「トリプル・マイノリティ」など、これまでにいくつかのモデルが提示されている。Whyte, *Interpreting Northern Ireland,* pp. 100–101.

(36) Whyte, *Interpreting Northern Ireland,* p. 172.

(37) Denis Barritt, *Northern Ireland: A Problem to Every Solution,* London: Quaker Peace & Service, 1982, pp. 20–21.

(38) Karen Trew, 'National Identity', in Richard Breen, Paula Devine and Lizanne Dowds（eds）, *Social Attitudes in Northern Ireland (The Fifth Report 1995–1996)*, Belfast: Appletree Press, 1996, pp. 141–143.

第2章　分断された人びと

(1) Marie-Therese Fay, Mike Morrissey and Marie Smyth（eds）, *Northern Ireland's Troubles: The Human Costs,* London: Pluto Press, 1999, pp. 136–138.

(2) Fay, Morrissey and Smyth（eds）, *Northern Ireland's Troubles,* pp. 141–145.

(3) Ed Cairns, *Caught in Crossfire: Children and the Northern Ireland Conflict,* Belfast: Appletree Press, p. 21.

(4) 「ロイヤル（Royal）」を冠した警察の名称は、ながらくカトリック／ナショナリストからの批判の的になっていたが、一九九八年の和平合意が掲げる警察制度改革の一貫として、二〇〇〇年に「北アイルランド警察（Police Service for Northern Ireland: PSNI）」と改称された。

(5) Marie Smyth and Marie-Therese Fay（eds）, *Personal Accounts from Northern Ireland's Troubles: Public Conflict, Private Loss,* London: Pluto Press, 2000, p. 7.

(6) Smyth and Fay（eds）, *Personal Accounts from Northern Ireland's Troubles,* p. 9.

(7) Hall, Michael（ed.）, *The Forgotten Victims: The Victims' Group H.U.R.T. Reveal the Legacy of 'The Troubles'*（Island Pamphlets No. 39）, Newtownabbey: Island Publications, 2001, p. 16.

(8) Fay, Morrissey and Smyth（eds）, *Northern Ireland's Troubles,* p. 161.

(9) Smyth and Fay（eds）, *Personal Accounts from Northern Ireland's Troubles,* p. 23.

(10) Smyth and Fay（eds）, *Personal Accounts from Northern Ireland's Troubles,* pp. 27–29.

(11) Cairns, *Caught in Crossfire,* p. 23.

(12) 「居住区の分離」とは、その地区におけるマイノリティ集団の割合が全世帯の一〇パーセント以下である状況をさし、首都ベルファストではほぼ一〇〇パーセント、北アイルランド全体では七一パーセントの居住区が分離していることになる。Northern Ireland Housing Executive, *Towards a Community Relations Strategy - A Consultation Paper May 1999*（http://www.nihe.gov.uk/publications/reports/community_relations_strategy.pdf）.

(13) Neil Jarman and Chris O'Halloran, *Peacelines or Battlefields?: Responding to Violence in Interface Areas,* Belfast: Community Development Centre, 2000, pp. 7–8.

(14) ここでは便宜上「公立校」および「私立校」としたが、前者は'controlled school'、後者は'maintained school'と呼ばれる。どちらも維持費はすべて国が負担するものの、'controlled school'には資本金の一〇〇パーセントが援助されるのに対し、'maintained school'へは八五パーセントにとどまり、そのことが、学校施設や規模の違いに影響を及ぼしていたとされる。一九九四年以降は、理事会役員の構成を変えることで、'maintained school'も全額援助を受けられるようになった。北アイルランドの学校制度については、A. M. Gallagher, *Education in a Divided Society: A Review of Research and Policy,* Coleraine: Centre for the Study of Conflict, 1994を参照のこと。

(15) Mari Fitzduff, *Beyond Violence: Conflict Resolution Process in Northern Ireland,* Tokyo: United Nations University Press, 2002, p. 53. このほか、共通の歴史教育カリキュラムの作成や宗教教育の見直しなどもすすめられている。

(16) 二六人以上の従業員を抱えるすべての雇用主（一九九二年より一一人以上に変更）は、職場における宗派別構成を雇用機会均等委員会（ＦＥＣ）に毎年報告することを義務づけられた。大企業や公共部門の場合は、これに求職者の宗派別の調査も加わる。

(17) カトリックの雇用状況は、公共部門とサーヴィス産業を中心に年々増大している。近年の北アイルランドにおける雇用状況の詳細については、平等委員会の二〇〇五年度年間報告（http://www.equalityni.org/archive/pdf/MonitoringReportNo16.pdf）を参照のこと。

(18) Fitzduff, *Beyond Violence,* p. 160.

(19) Community Relations Council, *What is Sectarianism in Northern Ireland?* (http://www.community-relations.org.uk/resources/what-is-sectarianism/).

(20) 'mixed marriage' と呼ばれる北アイルランドにおけるカトリックとプロテスタントの婚姻率は全体で一割前後といわれているが、地域や時期に応じてかなりのばらつきがあるため、一般化は難しい。Valerie Morgan *et al.*, *Mixed Marriages in Northern Ireland*, Coleraine: Center for the Study of Conflict, University of Ulster, 1996, pp. 3-4.

(21) 世俗化がすすみ、また結婚のかたちが多様化しつつある現在においては、こうしたカップルの多くが同居というかたちのパートナーシップをとっている場合が多い。また、異宗派間の結婚を支援する団体としては、一九七四年に設立されたNorthern Ireland Mixed Marriage Association(NIMMA)がある。

(22) Fitzduff, *Beyond Violence*, pp. 6-7.

(23) Fitzduff, *Beyond Violence*, pp. 120-121.

(24) それまで個々に存在していた差別撤廃を目的とする四つの機関、The Fair Employment Commission for Northern Ireland(宗派)、The Equal Opportunities Commission for Northern Ireland(ジェンダー)、The Commission for Racial Equality (Northern Ireland)(エスニシティ)、The Northern Ireland Disability Council(身体的障害)をまとめるかたちで一九九九年に設立された。

(25) エスニシティの垣根を超えて戦略的な連帯をめざした北アイルランド初の機関で、一九九四年に設立された。

第3章 「われわれは包囲されている」

(1) 和平合意の内容として、北アイルランドの帰属(法的地位)の変更における多数派の同意、アイルランド憲法第二条および第三条の改正、比例代表制による北アイルランド自治議会と行政府の設置、南北閣僚評議会の設置、イギリス・アイルランド評議会の設置、アルスター警察の改革、人権委員会・平等委員会の設置、人権章典の制定、差別政策の撤廃、武装組織の武器引き渡し、紛争の犠牲者の遺族への救援などがあげられる。詳細は、堀越智「北アイルランド和平プロセスの二重路線——ユニオニストに厳しい二つの基本原理」峯陽一・畑中幸子編『憎悪から和解へ——

地域紛争を考える』京都大学学術出版会、二〇〇〇年、一八三―二二六頁、分田順子「紛争の集結から分断の超克へ」吉川元・加藤普章編『マイノリティの国際政治学』有信堂、二〇〇〇年、二二一―四四頁を参照のこと。

（2）アイルランド国営放送による出口調査の結果（『朝日新聞』一九九八年五月二五日）。

（3）しかし、当時におけるプロテスタントとは国教徒のことであり、スコットランド入植者であるプレズビテリアンや、クエーカー、ユグノーなどの非国教徒はカトリックと同様に支配の対象であった。

（4）David Miller, *Queen's Rabels: Ulster Loyalism in Historical Perspective*, Dublin: Gill and Macmillan, 1978.

（5）Thomas MacKnight, *Ulster as it is, or Twenty-Eight Years' Experience as an Irish Editor*, London, 1896, II, p. 379, quoted in Ian McBride, 'Ulster and the British Problem', in Richard English and Graham Walker（eds）, *Unionism in Modern Ireland: New Perspectives on Politics and Culture*, London: Gill and Macmillan, 1996, p. 2.

（6）Tom Nairn, *The Break-Up of Britain: Crisis and Neo-Nationalism*, London: NLB, 1977, p. 245.

（7）Steve Bruce, *God Save Ulster!: The Religion and Politics of Paisleyism*, Oxford: Oxford University Press, 1986.

（8）Desmond Bell, *Acts of Union: Youth Culture and Sectarianism in Northern Ireland*, London: Macmillan Education, 1990.

（9）これらの研究がなされた時代背景を考えるなら、このような主張におけるナショナル・アイデンティティという概念の認識をめぐっては、当然のことながらいくつかの批判が可能である。まず、ここにみられるのは、「あるべき」ネイションという妄想である。明白なナショナル・アイデンティティをもたないものとしてユニオニズムを例外化しているが、ナショナル・アイデンティティの「曖昧な」性質はユニオニズムに限られたものではないし、あるべきナショナル・アイデンティティというものも存在しない。つぎに、前提として共有されている、近代的概念としてのナショナリズムへの肯定的評価である。そこでは、ナショナリズムが相対的に「進歩的な」イデオロギーであるとみなされているが、ナショナリズムをめぐって世界中で生じているさまざまな対立を考えれば、ナショナリズムの確立が紛争および北アイルランド問題を解決するという主張は、今日において説得力をもたない。

（10）多様性をふまえたユニオニズム研究の例としては、Richard English and Graham Walker（eds）, *Unionism in Modern Ireland: New Perspectives on Politics and Culture*, London: Gill and Macmillan, 1996; Peter Shirlow and Mark McGovern,

Who are 'The People'?: Unionism, Protestantism and Loyalism in Northern Ireland, London: Pluto Press, 1997 があげられる。また、Susan McKay, *Northern Protestants: An Unsettled People,* Belfast: The Blackstaff Press, 2000 は、六〇人におよぶ詳細なインタヴューを通じて、プロテスタント・コミュニティの多様性を鮮やかに描き出している。

（11） Jennifer Todd, 'Two Ttraditions in Unionist Political Culture', *Irish Political Studies,* Vol. 2, 1987, pp. 1–26.

（12） Colin Coulter, 'The Character of Unionism', *Irish Political Studies,* Vol. 9, 1994, p. 18.

（13） John McGarry and Brendan O'Leary, *Explaining Northern Ireland,* Oxford: Blackwell, 1995; Feargal Cochrane, *Unionist Politics and the Politics of Unionism since the Anglo-Irish Agreement,* Cork: Cork University Press, 1997.

（14） Arthur Aughey, *Under Siege: Ulster Unionism and the Anglo-Irish Agreement,* London: Hurst and Company, 1989.

（15） Norman Porter, *Rethinking Unionism: An Alternative Vision for Northern Ireland,* Belfast: The Blackstaff Press, 1996.

（16） Christopher Farrington, 'Ulster Unionist Political Divisions in the Late Twentieth Century', *Irish Political Studies,* Vol. 16, 2001, pp. 49–71.

（17） English and Walker（eds）, *Unionism in Modern Ireland,* p. x.

（18）「包囲の心理」を扱った代表的研究としては、A. T. Q. Stewart, *The Narrow Ground: The Roots of Conflict in Ulster,* revised ed., Hampshire: Gregg Revivals, 1989 がある。

（19） たとえば、R. D. Osborne, 'Discrimination and Fair Employent', in Peter Stringer and Gillian Robinson（eds）, *Social Attitudes in Northern Ireland,* Belfast: The Blackstaff Press, 1991, pp. 31–38; Joanne Hughes and Caitlin Donnelly, 'Ten Years of Social Attitudes to Community Relations in Northern Ireland', in Ann Marie Gray *et al.*（eds）, *Social Attitudes in Northern Ireland: The Eighth Report,* London: Pluto Press, 2002, pp. 39–55 を参照のこと。

（20） Pamela Clayton, *Enemies and Passing Friends: Settler Ideologies in Twentieth Century Ulster,* London: Pluto Press, 1996, p. xiii.

（21） たとえば、南アフリカのアフリカーナー、ローデシアの白人入植者、アルジェリアのコロンなどが比較の対象としてあげられる。

(22) Frantz Fanon, *Studies in a Dying Coloinalism,* New York: Monthly Review Press, 1965, quoted in Clayton, *Enemies and Passing Friends,* p. 16.

(23) 植民化がもたらす植民者（および被植民者）の自己像を描いたものとしては、アルベール・メンミ（渡辺淳訳）『植民地――その心理的風土』三一書房、一九五九年がある。

(24) Anthony Buckley, 'Uses of History among Ulster Protestants', in Gerald Dawe and John F. Wilson（eds）, *The Poet's Place,* Belfast: Institute of Irish Studies, 1991, p. 262.

(25) Ian McBride, *The Siege of Derry in Ulster Protestant Mythology,* Dublin: Four Courts Press, 1997, pp. 10–12.

(26) Stewart, *The Narrow Ground,* p. 48.

(27) McBride, *The Siege of Derry in Ulster Protestant Mythology,* p. 14.

(28) 今日では、これらの記念日にもっとも近い土曜日にパレードがおこなわれている。

(29) 一七一四年にその前身のアプレンティス・ボーイズ・オブ・デリークラブ（Apprentice Boys of Derry Clubs）が結成されている。

(30) Buckley, 'Uses of History among Ulster Protestants', p. 263.

(31) McBride, *The Siege of Derry in Ulster Protestant Mythology,* p. 79.

(32) Anthony Buckley, 'Walls within Walls: Religion and Rough Behaviour in Ulster Community', *Sociology,* Vol. 18, No. 1, 1984, p. 20.

(33) McBride, *The Siege of Derry in Ulster Protestant Mythology,* p. 14.

(34) ユニオニズムの形成過程について、その多様なイデオロギー的背景を論じたものには、Alvin Jackson, 'Irish Unionism, 1870–1922', in D. George Boyce and Alan O'Day（eds）, *Defenders of the Union: A Survey of British and Irish Unionism since 1801,* London: Routledge, 2001, pp. 115–136 が、社会・経済的構造から論じたものには、Peter Gibbon, *The Origins of Ulster Unionism: The Formation of Popular Protestant Politics and Ideology in Nineteenth-Century Ireland,* Manchester: Manchester University Press, 1975 がある。

(35) たとえば、一九〇八年ローマ教皇の教令によって、カトリックの司祭によって祝福されていないプロテスタントとカトリックの異宗派間の婚姻は無効であるとされていたことや、カトリックの教義における離婚・中絶の禁止などがあげられる。

(36) 下院を通過した法律を拒否する上院の権利(以前、自治法を阻止するのに用いられた)を制限するもので、これにより、下院で三度継続して可決された法案は二年以内に自動的に法律として成立することになった。

(37) *House of Commons Dabates*, Vol. 42, col. 1615, 10 Oct. 1912 quoted in Thomas Hennessy, *A History of Northern Ireland 1920–1996*, London: Macmillan, 1997, p. 3.

(38) アイルランド統治法によって承認された北アイルランドの自治権は、いわゆる「地方自治」のレヴェルよりも強大であった。主権は総督によって代表されていたが、その権限は王の名にもとづいた議会の召集・解散など、儀礼的なものにすぎず、その総督の下に二院制の北アイルランド議会が置かれた。行政を担ったのは首相以下の閣僚によって構成される行政委員会で、内政に関してのみ行政府の機能をもっていた。

(39) Patrick Buckland, *A History of Northern Ireland*, Dublin: Gill and Macmillan, 1981, p. 1.

(40) English and Walker, *Unionism in Modern Ireland*, p. x.

(41) 主として反ナショナリスト/カトリックの性質をもったこのベルファスト・ポグロムと呼ばれる暴力的衝突ついては、その直後に出版された詳細な記録が残っている。ほぼ同時期に起きたアイルランド自由国の内戦が軍隊や武装組織を中心に展開されたものであったのに対し、ベルファストでは多数の一般市民が犠牲となった。G. B. Kenna, *Facts & Figures Belfast Pogrom 1920–1922 (edited by Thomas Donaldson)*, Dublin: The O'Connell Publishing Company, 1997 [1st published 1922].

(42) 一九三七年に制定されたアイルランド憲法第二条は「国の領域は、アイルランド島の全域、その他の諸島、領海によって構成される(The national territory consists of the whole island of Ireland, its islands and the territorial seas)」と謳っていた。この条項は、一九九八年の和平合意にともなって削除された。

(43) 一九二一年創設のユニオニストの穏健派政党。一九二一年の北アイルランド成立から一九七二年の直接統治にいたるまで内閣を独占した。ミドルクラスからの支持が高く、オレンジー・オーダーとのつながりも深い。

（44）Marc Mulholland, *Northern Ireland: A Very Short Introduction*, Oxford: Oxford University Press, 2002, p. 33.

（45）Hennessey, *A History of Northern Ireland 1920–1996*, pp. 110–112.

（46）Terence O'Neill, *Ulster at the Crossroads*, London: Faber & Faber, 1969, p. 51.

（47）一九六四年に設立されたカトリックのミドルクラスを主体とする公民権運動団体。北アイルランドにおける雇用・住宅・選挙制度などにおける差別の実態を、出版物を通じて訴えることを目的としていた。

（48）一九六七年設立。社会正義運動（ＣＳＪ）から派生した団体で公民権運動において中心的な役割を果たした。地方議会選挙における「ひとり一票」、ゲリマンダリングの廃止、住宅割り当ての公正化、特別権限法の撤廃、雇用差別の廃止など、具体的な問題の解決に取り組むことを目的とした。非暴力主義を掲げていたが、一九六八年一〇月五日のデリーのデモ行進における警察との衝突は、のちの紛争の序章となった。

（49）一九六八年一〇月のデリー行進ののちに誕生した、クイーンズ大学の学生を主体とするラディカルな公民権運動団体。バーナーデッド・デヴリンなどの若い活動家をいく人も政界に送り出した。一九六九年一月にはベルファストからデリーへの四日間にわたるデモ行進をおこない、ロイヤリストの妨害によって多くの負傷者がでた。

（50）ペイズリーの政治思想と活動についての代表的研究としては、Steve Bruce, *God Save Ulster!: The Religion and Politics of Paisleyism*, Oxford: Oxford University Press, 1986 がある。

（51）*News Letter*, 6 December 1968.

（52）*Disturbances in Northern Ireland: Report of the Commission Appointed by the Governor of Northern Ireland*（Cmd. 532), Belfast: HMSO, 1969, para. 148–150.

（53）しかし、同時期にプロテスタントのミドルクラスを主体とした「ニュー・アルスター・ムーヴメント」の活動が開始され、宗派の超越を掲げた一九七〇年の連合党（Alliance Party）結成やその後の権力分有の実現を後押ししたことも忘れてはならない。詳細は、新藤達也「北アイルランド紛争におけるオニーリズム――ニュー・アルスター・ムーブメントを中心に」『成蹊大学法学政治学研究』第二四号、二〇〇一年、八四－一一二頁を参照のこと。

（54） English and Walker, *Unionism in Modern Ireland,* p. xi.

（55） ユニオニストの過激派政党。労働者階級からの強い支持を集めている。連合王国における北アイルランドの地位を脅かすいかなる動きにも抵抗を示す。二〇〇三年以降、北アイルランドの最大政党となった。

（56） 一九七〇年創設のナショナリスト穏健派政党。平和的手段と合意にもとづいたアイルランド統一を掲げる。社会主義政党として公民権問題にも深く関わり、紛争期にはナショナリストの最大政党であった。

（57） Hennessey, *A History of Northern Ireland 1920–1996,* p. 226.

（58） 一九七四年創設。ベルファストの主要産業における労働者を主体としたロイヤリストの団体で、アルスター防衛協会からの全面的な支援を受けていた。

（59） UDAも、一九六六年に結成された二〇世紀初頭に起源をもつUVFも、「ユニオニスト」に対して「ロイヤリスト」という、この時点までは一般的に互換可能な用語を、自らをあらわすものとして用いている。そこでの「ロイヤリスト」とは、「北アイルランド国家の存続を確実なものにし、自らの伝統と流儀を守ることに最善を尽くすことを決意した者」として再定義されたのである。*Official UDA News,* Vol. 1, No. 6, n.d., n.p.

（60） John Dunlop, *A Precarious Belonging: Presbyterians and the Conflict in Ireland,* Belfast: The Blackstaff Press, 1995, p. 135.

（61） Norman Porter, *Rethinking Unionism: An Alternative Vision for Northern Ireland,* Belfast: The Blackstaff Press, 1996, p. 56.

第4章　保証のない「ブリティッシュネス」

（1） 代表的なものとしては、Sarah Nelson, *Ulster's Uncertain Defenders: Loyalists and the Northern Ireland Conflict,* Belfast: Appletree Press, 1984; Thomas Hennessy, 'Ulster Unionist Territorial and National Identities 1886–1893: Province, Island, Kingdom and Empire', *Irish Political Studies,* Vol. 8, 1993, pp. 21–36 があげられる。

（2） Ian McBride, 'Ulster and the British Problem', in Richard English and Graham Walker（eds）, *Unionism in Modern Ireland: New Perspectives on Politics and Culture,* London: Gill and Macmillan, 1996, pp. 7–8.

（3）McBride, 'Ulster and the British Problem', p. 9.
（4）McBride, 'Ulster and the British Problem', p. 9.
（5）McBride, 'Ulster and the British Problem', p. 10.
（6）Linda Colley, 'Britishness and Otherness: An Argument', *Journal of British Studies*, Vol. 31, No. 4, October 1992, p. 311.
（7）J. G. A. Pocock, 'The Limits and Divisions of British History: In Search of the Unknown Subject', *The American Historical Review*, Vol. 87, No. 2, April 1982, p. 313.
（8）Colley, 'Britishness and Otherness: An Argument', p. 316.
（9）McBride, 'Ulster and the British Problem', p. 6.
（10）Jennifer Todd, 'The Limits of Britishness', *Irish Review*, Vol. 5, Autumn 1988, p. 14.
（11）Jennifer Todd, 'Two Traditions in Unionist Political Culture', *Irish Political Studies*, Vol. 2, 1987, pp. 1–26.
（12）酒井直樹『死産される日本語・日本人』新曜社、一九九六年、二二九頁。
（13）オレンジ・オーダーは、まず、党員すべてがいずれかに属し、組織の支持母体ともなっている一四〇〇の個別支部（Private Lodge）、そこから地方行政区ごとに選出された代表者からなる一二五の地方支部（District Lodge）、そこから州ごとに選出された代表者からなる一二の州支部（County Grand Orange Lodge）、さらに各州一名ずつの代表者からなる総本部（The Grand Orange Lodge of Ireland）によって組織されている。
（14）Thomas Hennessy, *A History of Northern Ireland 1920–1996*, London: Macmillan, 1997, p. 116.
（15）アイルランド系移民を数多く抱えるアメリカ合州国では、しばしばプロテスタント居住区にはためくユニオン・ジャックが嘲笑の的にされてきた。しかし、二〇〇一年九月一一日の出来事の直後、世界のメディアが星条旗であふれかえる街の光景を映し出したことは記憶に新しい。
（16）サイモン・マーフィ「北アイルランド――ユニオニスト」マイケル・ワトソン編（浦野起央・荒井功訳）『マイノリティ・ナショナリズムの現在』刀水書房、一九九五年、八六頁。
（17）七月一二日のパレードをその参加者の視点から眺めてみるならば、それが、しばしば関係者がニュースのコメントで寄せる「家族そろっての遠足（family day out）」であったり、アルコールを片手に鑑賞する「お祭り騒ぎ」であったり、麗々としたコスチュームに身を包みパフォーマンスを披露する「晴れの日」であるということがよくわかる。こうしたメンタリティにおいては、パレードに対する批判は不当なものと映るだろう。しかし、それは別の視点からすれば、騒々しく、挑発的で、軍隊を彷彿とさせる威圧的なものであり、そして、そもそも七月一二日を祝うという目的そのものが、もう一方のコミュニティにとっては共有しがたいのである。

(18) イギリスのメディアが北アイルランドのプロテスタント・コミュニティをどのように表象してきたかについては、たとえば Akan F. Parkinson, *Ulster Loyalism and the British Media*, Dublin: Four Courts Press, 1998 を参照のこと。

(19) *Official UDA News*, Vol. 1, No. 24, n.d., n.p.

(20) 「イギリス左翼知識人における無意識の北アイルランド排除の中に、イギリス左翼がアルスター紛争の激化以来保持し続けてきた、最大の当事者であるにも関わらず、無関係と不干渉を決め込む逆説的なイングランド・ナショナリズムを見てしまうのである」（小笠原博毅「文化政治におけるアーティキュレーション――『奪用』し『言葉を発する』こと」『現代思想』Vol. 26-4、一九九八年三月臨時増刊、二七五頁）。

(21) マイケル・イグナティエフ（幸田敦子訳）『民族はなぜ殺し合うのか――新ナショナリズム　六つの旅』河出書房新社、一九九六年、三一二頁。

(22) A. T. Q. Stewart, 'The Siege of Ulster', *The Spectator*, 11 January 1986, p. 16.

(23) McBride, 'Ulster and the British Problem', p. 14.

(24) 一九〇〇年代の共和主義運動にその名を由来するナショナリストの過激派政党。「シン・フェイン」とは、アイルランド語で「われら自身」を意味する。アイルランド統一を至上目的とし、そのためには武力行使もやむをえないという姿勢をとりつづけてきた。一九八三年より党首に就任したジェリー・アダムズは、リパブリカンの象徴的存在として広く知られている。二〇〇三年以降、ナショナリストの最大政党となった。

(25) *New Ireland Forum Report*（Compiled by Fionnuala McKenna）, Dublin: The Stationery Office, 1984.

(26) このとき三つの選択肢を拒絶したサッチャーの 'Out! Out! Out!' という有名な台詞には、一カ月前にイギリス、ブライトンでのＩＲＡによる爆破事件で危うく難を逃れた彼女の心情が背景にあったといわれている。

(27) Anglo-Irish Agreement 1985 between The Government of Ireland and The Government of the United Kingdom（CAIN Web Service: http://cain.ulst.ac.uk/events/aia/aiadoc.htm）.

(28) Stewart, 'The Siege of Ulster', p. 15.

(29) Ann Purdy, *Molyneaux: The Long View,* Antrim: Greystone Books, 1989, p. 14.

(30) *Orange Standard,* 1985 December/1986 January.

(31) James Loughlin, *The Ulster Question since 1945,* London: Macmillan, 1998, p. 98.

(32) Hennessey, *A History of Northern Ireland 1920–1996,* p. 274.

(33) Loughlin, *The Ulster Question since 1945,* p. 98.

(34) Richard English and Graham Walker（eds）, *Unionism in Modern Ireland: New Perspectives on Politics and Culture,* London: Gill and Macmillan, 1996, pp. x-xi.

(35) Colin Coulter, 'Direct Rule and the Unionist Middle Classes', in English and Walker（eds）, *Unionism in Modern Ireland,* pp. 169–191.

(36) Scott Harvie, '17 November 1993 - A Night to Remember?', in English and Walker（eds）, *Unionism in Modern Ireland,* pp. 192–219.

(37) イギリスへの完全統合をさらに強く求めるこうしたユニオニストの動きの一方で、イギリスへの不信感をつのらせた結果としての「反・統一アイルランド」、「権利委譲」、「反・イギリスのいいなり」というロイヤリストおよび独立派も、かつてないほどに盛り上がりをみせた。しかし「北アイルランドの独立」という選択は、およそ非現実的なものとして多くの支持を得ることはなかった。James Loughlin, *Ulster Unionism and British National Identity since 1885,* London: Pinter, 1995, p. 214.

(38) Loughlin, *The Ulster Question since 1945,* p. 100.

(39) Henry McDonald, *Trimble,* London: Bloomsbury, 2000, p. 99.

(40) Arthur Aughey, *Under Siege: Ulster Unionism and the Anglo-Irish Agreement*, London: Hurst and Company, 1989, pp. 81–82.

(41) その代表としては、政治学者のアーサー・オーキーとポール・ビュー、経済学者のグラハム・ガッジンとパトリック・ローチ、ジャーナリストのデニス・ケネディ、元官僚のアーサー・グリーンらがあげられる。

(42) Liam O'Dowd, '"New Unionism", British Nationalism and the Prospects for a Negotiated Settlement in Northern Ireland', in David Miller (ed.), *Rethinking Northern Ireland: Culture, Ideology and Colonialism*, New York: Longman, 1998, p. 71.

(43) オダウはこの「新しいユニオニズム」を、①自らをオレンジ・オーダーや、イアン・ペイズリー的なプロテスタント・ユニオニズム、あるいはプロテスタント武装組織のロイヤリズムとはっきり区別し、②ＩＲＡとシン・フェインには強硬に反対し、③アイリッシュ・ナショナリズム全般を偏狭かつ島国的で宗派主義であるとして一貫して非難する立場をとるもの、として特徴づけている（O'Dowd, '"New Unionism"', p. 71）。ところで「新しいユニオニズム」という言葉だけをとりだすならば、それはつねに更新されるものである。一九九八年の和平合意以降の政治状況をめぐっても、「新しい」ユニオニズムと呼びうるものが登場しているといえる。この点については、本書の第6章第三節を参照のこと。

第5章　迷走するマジョリティ

(1) 参加者の顔ぶれは、著名なプロテスタント教会の牧師、大学教師、学校教員、アルスター・ユニオニスト党、民主ユニオニスト党、アルスター・ヴァンガード、アルスター防衛協会の代表者などである。

(2) アルスター協会の本部がその一室に置かれたラーガンのブラウンロー・ハウス（Brownlow House）は、一八三三年に建てられたエリザベス朝様式の大邸宅である。一九〇四年以降はラーガン地区のオレンジ・ロッジの所有となり、その規模は、オレンジ・オーダーに関わる施設としては最大といわれる。第三次自治法案にさいしてはアルスター誓約の会場やアルスター義勇軍の訓練場として、第一次世界大戦時には軍事本部として、第二次世界大戦時にはイギリス軍の拠点やアメリカ駐留軍の本部としての役割を果たし、「アルスターの歴史」を見守ってきた。William Cordner,

Brownlow House: A Short Guide, Lurgan: Ulster Society Publication, 1993.

（3）*Belfast Telegraph*, 30 September 1985. なお、『ベルファスト・テレグラフ』は、一九九八年和平合意締結時には賛成の立場をとり、以降は中立的な位置づけになっている。

（4）*News Letter*, 30 September 1985.

（5）*Orange Standard*, October 1985.

（6）*The Ulster Society Annual Report (1997–98)*, p. 1. 団体会員の多くは各地のオレンジ・ロッジやユニオニスト青年組織だった。

（7）アルスター・ヴァンガードは、ユニオニズム内部の圧力団体であるとともに、ロイヤリスト武装組織とも深いつながりをもっており、北アイルランド独立をその政治目的として掲げていた。

（8）Henry McDonald, *Trimble*, London: Bloomsbury, 2000, p. 84.

（9）第4章の註（25）を参照。

（10）McDonald, *Trimble*, p. 85.

（11）*Orange Standard*, October 1985.

（12）McDonald, *Trimble*, p. 85.

（13）McDonald, *Trimble*, p. 86.

（14）アルスター協会に魅了された多くの若い知識人や学生たちは、一九八〇年代後半から九〇年代初めにかけてのUUP内でのトリンブルの躍進において重要な役割を果たすことになる。アルスター協会の設立が、トリンブルに若くエネルギッシュな専門家と学生の支持グループを提供したのみならず、北アイルランドを横断するUUPの地方支部のネットワークにトリンブルを売り込んだのである。アルスター協会を熱心に支えた若手のひとりであるルーシーは、つぎのように述べている。「トリンブルが進んで支部での会合に出席したり講義や講演会にでかけていったりしたことは、彼の政治的な進展にずいぶんと役立った。そうやって彼は多くの人びとと知り合ったのだ。アルスター協会は党内での彼に対する注目を高めるのに非常に有効な役割を果たした」（McDonald, *Trimble*, pp. 86–87）。

（15）*New Ulster*, Summer 1986, p. 3.

（16）The Ulster Society, *Education*, n.d.（paper titled ‘Education’ written by Ronnie Hanna, Linen Hall Library 所蔵）。

（17）McDonald, *Trimble*, p. 86.

（18）これらの招待講演、巡回展示、ツアーはアルスター・ユニオニストにとって重要な歴史的事件の節目の年にあわせて、企画・実施されることが多かった。

（19）アルスター協会のオリジナル・グッズとして、カレンダー、ポスター、絵はがき、バッジ、ボールペン、しおり、特製バインダー、歴史的文書の複製、オレンジ公ウィリアム印のオレンジ・マーマレードなどが販売されている。

（20）*Orange Standard*, October 1985.

（21）内務省の管轄下にあるが独立した組織であるチャリティ委員会（Charity Commission）の定める規定に則って登録されたチャリティ団体。団体の目的や資金の使途などについて、監視・法の遵守などの義務を負うが、税制上の優遇措置を受けることができる。

（22）会費は年間単位で、個人会員は通常一〇ポンド、学生・老齢年金受給者・失業者は五ポンド、団体会員は、個人団体およびテンプル騎士団の地方支部が一五ポンド、地区や地方自治体所属の団体が三〇ポンドである。なお、一九九一年には中央コミュニティ関係団体（Central Community Relations Unit）から七万五〇〇〇ポンドの資金援助を、一九九五年からは、経済開発省（The Department of Economic Development）による若者の雇用促進プログラムとの提携で財政援助を得ている。

（23）The Ulster Soceity, *Information Leaflet*, n.d.

（24）『ニュー・アルスター』の発行部数は、リネン・ホール・ライブラリー所蔵の資料によれば、一九八七年の時点でおよそ三〇〇〇部であった。アルスター協会会員には特典として無料で配布され、またベルファストを中心とした主要書店および新聞販売所数カ所でも、購入可能であった。

（25）*New Ulster*, No. 1, Summer 1986, p. 3.

（26）*New Ulster*, No. 10, Spring 1990, pp. 2–10.

（27） *New Ulster,* No. 7, Winter 1988/1989, p. 2.

（28） アルスター協会設立の背景には、「オレンジ・オーダーとは別のユニオニズム主張の拠点の形成」という目的があったが、その活動においては、オレンジイズムとの距離を保つというより、オレンジイズムを民主的な装いで再提示し、多文化主義のもとでの守られるべき文化的権利というかたちで包括しているといえる。

（29） Ruth Dudley Edwards, *The Faithful Tribe,* London: Harper Collins Publishers, 1999, p. 117.

（30） *New Ulster,* No. 26, July 1995, pp. 21–23.

（31） イギリスにおいて女性が参政権を得たのは第一次世界大戦末期であったが、アルスター・ユニオニストの女性たちは、反ホーム・ルール運動のなかで大きな役割を果たした。女性の署名数が男性のそれを上回ったのは、「ドアからドアへ賛同を集めてまわった」女性たちの組織的な努力もあっただろうが、当時の人口比にもよる。

（32） *New Ulster,* No. 9, 1989, p. 25.

（33） *New Ulster,* No. 5, Winter 1987/1988, p. 19.

（34） Gordon Lucy（ed.）, *The Ulster Covenant: A Pictoral History of the 1912 Home Rule Crisis,* Lurgan: Ulster Society Publication, 1989, p. 47.

（35） カーソンは、ホーム・ルール反対にさいして、「われわれは何の特権（privileges）も要求しないが、何人であってもわれわれ以上の特権をもつことを断固として認めない。われわれは何の特別な権利（special rights）も要求しないが、連合王国における他の地域と同じ権利を、同じ政府によって付与されることを主張する。われわれはこれ以上のものは何も望まないが、これ以下になることも望まない」という有名な言葉を残している（一九一一年九月二三日、クレイガヴォンで開かれたホーム・ルール反対集会における演説の一部。Ronald John McNeill, *Ulster's Stand for Union,* London: John Murray, 1922, p. 50）。

（36） *New Ulster,* No. 1, Summer 1986, pp. 5–6.

（37） *New Ulster,* No. 25, March 1995, pp. 12–17.

（38） *New Ulster,* No. 9, 1989, p. 4.

(39) *New Ulster,* No. 9, 1989, p. 4.

(40) *New Ulster,* No. 9, 1989, p. 4.

(41) 以下、この項の引用は、*New Ulster,* No. 21, Winter 1993, pp. 6–9.

(42) *New Ulster,* No. 16, Spring 1992, p. 5.

(43) *New Ulster,* No. 21, Winter 1993, pp. 13–14.

(44) *New Ulster,* No. 16, Spring 1992, p. 16.

(45) *New Ulster,* No. 20, Summer 1993, p. 21.

(46) *New Ulster,* No. 2, Winter 1986, p. 3.

(47) *Orange Lark,* Lurgan: Ulster Society Publication, 1987, p. 1.

(48) *New Ulster,* No. 18, Winter 1992, p. 14.

(49) *New Ulster,* No. 17, Summer 1992, p. 28.

(50) *New Ulster,* No. 5, Winter 1987/1988, pp. 19–20.

(51) *New Ulster,* No. 11, Summer 1990, pp. 19–20.

(52) *New Ulster,* No. 22, Spring 1994, p. 11.

(53) Colin Coulter, *Contemporary Northern Irish Society: An Introduction,* London: Pluto Press, 1999, p. 21.

(54) Edward Moxon-Browne, ‘National Identity in Northern Ireland’, in Peter Stringer and Gillian Robinson（eds）, *Social Attitudes in Northern Ireland,* Belfast: The Blackstaff Press, 1991, p. 29.

第6章　居場所を求めて

(1) Gordon Lucy（ed.）, *Lord Macaulay on Londonderry, Aughrim, Enniskillen and the Boyne,* Lurgan: Ulster Society Publication, 1989.

(2) *New Ulster,* No. 19, Spring 1993, p. 15.「戦い」でも「攻撃」でもなく、「防衛」という言葉が使われている点に、

「包囲の心理」における歴史観があらわれているといえる。つまり、アルスターにおける「防衛」の歴史とは、「包囲の心理」にさいなまれつづけたアルスター・プロテスタントにとっての長きにわたる「伝統」なのである。

(3) *New Ulster,* No. 11, Summer 1990, p. 3.

(4) *New Ulster,* No. 11, Summer 1990, p. 4.

(5) *New Ulster,* No. 3, March 1987, p. 3.

(6) *New Ulster,* No. 6, Spring 1988, p. 3.

(7) *New Ulster,* No. 4, Summer 1987, p. 3.

(8) *New Ulster*, No. 4, Summer 1987, p. 4.

(9) *New Ulster,* No. 12, Autumn 1990, p. 3.

(10) *New Ulster,* No. 19, Spring 1993, p. 2.

(11) *New Ulster,* No. 19, Spring 1993, p. 2.

(12) *New Ulster,* No. 12, Autumn 1990, p. 3.

(13) 坂本佳鶴恵『アイデンティティの権力——差別を語る主体は成立するか』新曜社、二〇〇五年、一八九頁。

(14) *New Ulster,* No. 12, Autumn 1990, p. 3.

(15) *New Ulster,* No. 1, Summer 1986, p. 3.

(16) *New Ulster,* No. 12, Autumn 1990, p. 3.

(17) アルスター協会は、「七月一二日」、「記憶」、「ブリティッシュネス」というユニオニストにとって重要な意味をもつそれぞれのテーマについて、北アイルランド内外の政治家・知識人・ジャーナリストらの論稿を集めた論文集を出版している。Gordon Lucy and Elaine McClure (eds), *The Twelfth: What It Means to Me,* Lurgan: Ulster Society Publication, 1997; Gordon Lucy and Elaine McClure (eds), *Remembrance,* Lurgan: Ulster Society Publication, 1997; Gordon Lucy and Elaine McClure (eds), *Cool Britannia?: What Britisshness Means to Me,* Lurgan: Ulster Society Publication, 1999.

(18) Henry McDonald, *Trimble,* London: Bloomsbury, 2000, p. 85.

（19） McDonald, *Trimble*, p. 85.

（20） *New Ulster*, No. 11, Summer 1990, pp. 19–20.

（21） *New Ulster*, No. 11, Summer 1990, p. 3.

（22） 設立時からアルスター協会に深くコミットしていたデイヴィッド・トリンブルは、一九九〇年の下院議員当選を契機に、政界にその活動の比重を移していった。一九九五年七月のドラムクリー事件では、イアン・ペイズリーとともにガバキー・ロードを行進して、「ユニオニストの抵抗と勝利」を印象づけ、九月にアルスター・ユニオニスト党の党首に選出された。一九九八年の和平合意では、分裂するユニオニスト勢力の調整に尽力し、カトリック穏健派の社会民主労働党党首ジョン・ヒュームとともにノーベル平和賞を受賞している。この和平合意をめぐっては、アルスター協会内部でも意見の相違が大きな問題となり、「合意反対派（anti-agreement）がアルスター協会にとどまった」ということである（二〇〇四年八月二五日のアントニー・アルコック氏へのインタヴューより）。

（23） Andy Pollak（ed.）, *Opsahl Report on Northern Ireland: A Citizen's Inquiry*, Dublin: The Lilliput Press, 1993. また、「尊重の等価性」に関しては以下を参照した。Tom Hennessey and Robin Wilson, *With All Due Respect: Pluralism and Parity of Esteem*, Belfast: Democratic Dialogue, 1997（http://cain.ulst.ac.uk/dd/report7/report7.htm）.

（24） Hennessey and Wilson, *With All Due Respect*.

（25） ドラムクリー事件の詳細については、Chris Ryder and Vincent Kearney, *Drumcree: The Orange Order's Last Stand*, London: Methen, 2001 を参照のこと。また、ガバキー・ロードの住民たちによる Garvaghy Residents, *Garvaghy: A Community Under Siege*, Belfast: Beyond the Pale, 1999 は、カトリック・コミュニティの視点からこの事件をとらえたものである。

（26） これに対応すべく一九九七年末に設立されたのがパレード委員会（Parades Commission）である。パレードをめぐる異なる立場の調停・仲裁を目的としており、実施方法についての決定を下す権限をもつ。しかし、北アイルランド警察署長が公共秩序に応じていかなる決定も覆すことができるため、その役割は形骸化しているとの指摘もある。ちなみに北アイルランドにおいて年間に実施されるパレードの数は、一九八五年の時点で二一二〇件（一八九七件）、一九九五年で三五〇〇件（二五八一件）、二〇〇五年には三〇六二件（二三九一件）となっている（カッコ内はロイヤリスト・パレードの件数）。*RUC Chief Constable's Reports 1986–98*; Police Service of Northern Ireland, *Parades Statistics*.

(27) アルスター・スコッツ・エイジェンシーの活動については、http://www.ulsterscotsagency.com/を参照のこと。以下、引用は同ウェブサイトによる。なお、アルスター協会は、資金援助をめぐる競争の結果、アルスター・スコッツ・エイジェンシーに敗れている。

(28) メイデン・シティ（＝処女都市）とは、いちども包囲をやぶられることのなかったデリーの別称である。

(29) メイデン・シティ・フェスティヴァルのアドヴァイザーを務めるデイヴィッド・ホエイ氏へのインタヴューより（二〇〇四年八月二五日）。

(30) このサマースクールの講師のひとりは、かつてアルスター協会で教育的役割を担っていたアントニー・アルコック教授である。また、メイデン・シティ・フェスティヴァルの理事を務めるジェイムズ・ウィルソン氏も、かつてアルスター協会のメンバーであった。

(31) ＩＲＡ暫定派は数度にわたる武器の廃棄を経て、二〇〇五年七月二八日をもって武装闘争の終結を宣言し、同年九月には外国人および教会関係者で構成された監査団によって武装解除の完了が確認された。

(32) アルベール・メンミ（菊池昌美・白井成雄訳）『人種差別』法政大学出版局、一九九六年、九六頁。

(33) 尹慧瑛「ホワイトネス」伊豫谷登士翁編『グローバリゼーション』作品社、二〇〇二年、一四〇－一四一頁。

(34) 堀越智「北アイルランド和平プロセスの二重路線――ユニオニストに厳しい二つの基本原理」峯陽一・畑中幸子編著『憎悪から和解へ――地域紛争を考える』京都大学学術出版会、二〇〇〇年、一八五頁。

(35) Katy Hayward and Claire Mitchell, 'Discourses of Equality in Post-Agreement Northern Ireland', *Contemporary Politics*, Vol. 9, No. 3, September 2003, pp. 293–312.

(36) ユニオニスト系の新聞『ニューズレター』は、北ベルファストに暮らすプロテスタント系住民が、投石や落書き、罵詈雑言などに耐えかねてつぎつぎとその地区を離れていくさまを'Families force to leave'という見出しで報じ、これを「リパブリカンによるエスニック・クレンジングである」としている。*News Letter,* Thursday, 26 August 2004. これに対し、ナショナリスト系の新聞『アイリッシュ・ニュース』は、'Protestant exodus is "an opportunity lost"' と題した記事のなかで、カトリック住民もまた同様の仕打ちをロイヤリスト側から受けてきたとしたうえで、今回の出来事の背景に組織的な脅迫行為があったこと、紛争のさなかでさえ良き隣人であった人びとどうしが、政治や宗派の違いを超えて関わり合う機会がいまや失われてしまったことを嘆いている。*Irish News,* Friday, 27 August 2004.

(37) Colin Coulter, 'Unionists After Unionism', *Peace Review,* Vol. 13, No. 1, March 2001, pp. 75–80.

(38) Christopher Farrington, 'Ulster Unionism and the Irish Historiography Dabate', *Irish Studies Review,* Vol. 11, No. 3, December 2003, pp. 251–261.

エピローグ

(1) *The Alternative Guide to Derry,* Derry: Pat Finucane Center, 1996, p. 11.

(2) 「北アイルランド社会傾向調査（Northern Ireland Social Attitudes Survey）」を前身とし、一九九八年一〇月にクイーンズ大学およびアルスター大学によって始められた、北アイルランドにおける代表的な意識調査である「北アイルランドの生活と時代調査（The Northern Ireland Life and Times Survey）」は、ひきつづきナショナル・アイデンティティ調査を実施している。それによれば、近年においても、「北アイルランド人」への回答者の割合はそれほど大きく変わっていない。しかし、注目すべきなのは、回答者の宗派別内訳をみたとき、「無回答」が比較的多いことである。詳細やその他の調査項目については、http://www.ark.ac.uk/nilt/を参照のこと。

(3) 北アイルランドでは、「カトリック対プロテスタント」「ナショナリスト対ユニオニスト」といった二項対立がクローズアップされるあまり、他の宗教的マイノリティおよびエスニック・マイノリティの存在と彼らに対する差別の実状が見落とされてきた。北アイルランドにおけるエスニック・マイノリティについては、Paul Hainsworth（ed.）, *Divided Society: Ethnic Minorities and Racism in Northern Ireland,* London: Pluto Press, 1998 を参照のこと。

(4) *The Twelfth 2001,* Belfast: The Belfast County Grand Lodge, 2001, p. 27.

（5）ＣＲＣの活動の詳細については、http://www.community-relations.org.uk/を参照のこと。

（6）ＦＣＴＴＰは、「平和と和解のためのヨーロッパ特別支援プログラム」というＥＵ基金を受けたＣＲＣのヨーロッパ・プログラムを通じて、一九九八－二〇〇二年に七万七二五四・九九ポンド（約一四〇〇万円）、二〇〇二－二〇〇五年に一一万八四九・六五ポンド（約二〇〇〇万円）の資金を受け活動をおこなってきた。この資金は、運営費、給与、活動の記録、パンフレットの出版および資料代にあてられる。それぞれのシンクタンクは数週間にわたって組織され、コミュニティの分離状況や多様性についての議論の場を設ける。その成果はプロジェクト・コーディネイターであるマイケル・ホール氏によって編集され、'Island Pamphlets' というシリーズとして、二〇〇七年二月までに八一冊が発行されている。

（7）Michael Hall（ed.）, *The Unequal Victims: Discussion by Members of Loughgall Truth and Justice Campaign*（Island Pamphlets No. 40）, Newtownabbey: Island Publication, 2001. このキャンペーンは、一九八七年五月に東ティローン州で英陸軍特殊空挺部隊（ＳＡＳ）に銃殺された八人のＩＲＡメンバーおよび巻き添えになった一般市民の家族たちが、事件当時の真相究明のために立ち上げた。しかし、彼らの活動はつねに「ＩＲＡの親族」というメディアの目にさらされた。

（8）Michael Hall（ed.）, *In Search of a Haven: Discussion by Members of HAVEN Victims Support Group*（Island Pamphlets No. 44）, Newtownabbey: Island Publications, 2002.

（9）Mivhael Hall（ed.）, *A Lifetime's Legacy: An Exploration by Members of WAVE Trauma Centre*（Island Pamphlets No. 52）, Newtownabbey: Island Publications, 2003.

（10）Michael Hall（ed.）, *Seeds of Hope: An Exploration by the 'Seeds of Hope' (Republican and Loyalist) Ex-prisoners Think Tank*（Island Pamphlets No. 27）, Newtownabbey: Island Publications, 2000. このプロジェクトは、四人の兄弟が長期にわたって服役し、また自らも看護婦として日々暴力の結果を目にしてきたある女性の働きかけによって組織された。既存のリパブリカン／ロイヤリストの元服役囚支援団体と連携をはかりながらも、服役中に身につけた技術を生かし、コミュニティを超えた自営活動を目的としている。

あとがき

本書は、二〇〇二年に一橋大学に提出した博士論文および既発表論文をもとに、全面的に書き改めたものである。本書が形になるまでには、たくさんの方々との幸運な出会いがあり、また多くのご助力を頂いた。そのうちのどれかひとつが欠けても、本書はまったく違ったものになっていただろう。

在日コリアン三世として東京に生まれ育った私は、あからさまな「差別」を体験することがなかったかわりに、つねに言いようのない違和感を抱えながら過ごしてきた。それは、「尹慧瑛」という名前を当たり前のものとしながら日本社会で生きることの必然だったかもしれない。当然、私の関心はひとつのところに収まりきらない境界的なものに向かっていったが、それをどこでどのように深めていけばよいのか、なかなか見いだせないでいた。

そのような私に、研究をすすめるうえでの拠点を提供してくださったのが、修士課程・博士課程を通じて指導教授であった一橋大学大学院の伊豫谷登士翁先生である。何でも自分で決めてしまい、関心のおもむくままあちこちに出入りしていた私と、それを絶妙な距離感で見守ってくださっていた伊豫谷先生とは、いわゆるオーソドックスな師弟関係からは外れていたかもしれない。しかし、判断に迷ったり障害にぶつかるたびに先生から頂いた鋭いご指摘や的確な助言は、いつもゆく先を明るく照らし出してくれた。北アイルランドにおけるユニオニズムという、幾重にも難しさを抱えたテーマに挑戦しつづけることができたのも、安心して立ち戻れる〈炉端〉があったからこそである。

また、伊豫谷先生は、その卓越した時流の判断と魅力的なお人柄によって、つねに刺激に満ちた交流のただなかに身をおかれていた。それを惜しみなく私たち学生にも開放してくださったことは、今日にいたるまで大きな財産となっている。なかでも、オーストラリア国立大学教授のテッサ・モリス＝スズキ氏は、折りにふれてコメントをくださり、また、すぐれた研究者としてだけでなく、いくつもの境界を生きるひとりの人間として、多くの視点を授けてくださった。そのしなやかな感性とヴァイタリティには、ただ敬服するばかりである。

「母国語」である朝鮮語を学ぶために入学した東京外国語大学では、研究の出発点となった卒業論文をご指導下さった増谷英樹先生、小笠原欣幸先生に御礼を申し上げたい。また、現在は千葉大学教授の小沢弘明先生には、大学院のゼミに参加するなかで、言葉や概念の持つ難しさや、研究者としての姿勢、歴史という学問の奥深さについて多くのことを教えて頂いた。

アイルランドおよび北アイルランド研究の専門家の方々には、多方面にわたって本当にお世話になった。アイルランド歴史研究会では、上野格先生、故松尾太郎先生、盛節子先生、池田真紀氏、森ありさ氏、後藤浩子氏、北文美子氏、新藤達也氏をはじめとする方々から、研究報告へのコメントだけでなく、訳語についてご教示頂いたり、現地での情報を教えて頂いたり、貴重な文献や資料をお借りしたりした。

小関隆先生は、卒業論文作成にあたって多くの時間を割いて丁寧な指導をしてくださった。

そのご著書を通じて、はじめて北アイルランドの歴史と出会った私にとって、堀越智先生がつねにあたたかい励ましをくださったことは、大きな支えであった。また、都留文科大学教授の分田順子氏には、日本ではめったにお会いできないかわりに、現地では何度も偶然に遭遇し、おなじ関心を共有する心強い存在として、つねに啓発され、また貴重な助言をいただいている。

北アイルランド現地での文献・資料収集や調査は、〈冒険〉の連続であった。一見して穏やかにみえるベルファストの街は、今もなお国旗や壁画などの目に見えるシンボルと、互いを知らないことからくる目に見えない境界線によって分断されている。外からの訪問者である私は、そこに暮らす人びとがなかなか越えようとはしない境界を、いくらかの知識と勇気と礼儀をもって、ある程度自由に行き来できる存在だったのかもしれない。けれども、多くの人びとに会い、それぞれの経験やそこに付随する歴史の重みにふれるうち、〈中立〉であるということは、時として何も意味しないのではないか、とも思うようになった。

そうしたなかで、コミュニティをつなぐ具体的な場である、リネン・ホール・ライブラリーの北アイルランド政治資料館（Northern Ireland Political Collection）とクイーンズ大学書店（The Bookshop at Queen's）からは、多くの示唆を受け、また何よりもそれらの実際的な手助けがなければ、本書を完成させることはできなかった。スタッフの皆さんに心から感謝したい。そして、本書でもふれたＦＣＴＴＰのコーディネイターであるマイケル・ホール（Michael Hall）氏には、紛争を生きるということの意味を、氏の生き方を通じて教えられた。ホール氏の活動については、また機会をあらためて紹介したい。

また、大学の友人や研究会などで知り合った多くの方々から、ご意見・ご批判を頂いたことも本書を成す重要な一部である。ひとりひとりのお名前を記すことはできないが、心より御礼を述べたい。それらが本書において少しでも生かされていることを願うばかりである。

なお、現在の研究拠点である、一橋大学21世紀COE「ヨーロッパの革新的研究拠点――衝突と和解」からは、二〇〇五年度若手研究者出版助成を受けることができた。記して感謝したい。

本書の出版を引き受けてくださった法政大学出版局の勝康裕氏には、格別の感謝を捧げたい。変則的なスケジュールのなか、多くの無理をお願いしたにもかかわらず、つねに迅速かつ誠実な対応をしてくださった。本づくりの厳しさと面白さを身をもって教えて頂けたことは、大切な経験となった。

最後になるが、研究という道を志し、また継続していくことにおいて、家族の存在はかけがえのないものであった。父と母は、さまざまなことを経験する機会とそのための環境を与えてくれ、いかなる時も惜しみない助力を注いでくれた。本書よりも一足早くこの世に誕生した息子・悠宇は、日々すくすくと元気に成長しており、しばらくは新しい生活をととのえることに精一杯だった私に、研究再開にむけての活力を与えてくれた。夫・彦田裕司は、もっとも身近な信頼すべき相談相手であり、また、本書をまとめる最終段階では、勤務先で男性初となる育児休業を取得して、文字どおり全面的に私を支えてくれた。家族のみんなに、心から感謝の気持ちを伝えたい。

二〇〇七年二月　東京にて

尹　慧　瑛

事項索引

【タ　行】

【ナ　行】

【ハ　行】

人名索引

【ア　行】
アダムズ，ジェリー（Adams,［'Gerry'］Gerard） 236(n24)
アルコック，アントニー（Alcock, Anthony） 138, 245(n30)
イグナティエフ，マイケル（Ignatieff, Michael） 114
イングリッシュ，リチャード（English, Richard） 229(n10)
ウィリアム3世（オレンジ公ウィリアム）（William III of Orange / King Billy） 9, 62–63, 73, 106, 109, 148–51, 177, 179, 212
ウォーカー，グラハム（Walker, Graham） 229(n10)
エリザベス女王2世（Queen Elizabeth II） 110, 165–66
オーキー，アーサー（Aughey, Arthur） 230(n14), 238(n41)
オダウ，リアム（O'Dowd, Liam） 238(n43)
オニール，テレンス（O'Neill, Terence） 12, 36, 87–90
オレアリー，ブレンダン（O'Leary, Brendan） 24, 225(n29)

【カ　行】
カーソン，エドワード（Carson, Edward） 82, 83, 142, 158, 182, 241(n35)
クレイグ，ウィリアム（Craig,［'Bill'］William） 89, 134, 138
クレイグ，ジェイムズ（Craig, Sir James） 83, 88
クレイトン，パメラ（Clayton, Pamela） 72, 230(n20)
ケアンズ，エド（Cairns, Ed） 44
コウルター，コリン（Coulter, Colin） 202, 230(n12)
コークリー，ジョン（Coakley, John） 225(n32)
コリー，リンダ（Colley, Linda） 102

【サ　行】
サッチャー，マーガレット（Thatcher, Margaret） 118, 120, 135, 236(n26)
サンズ，ボビー（Sands,［'Bobby'］Robert） 36, 51, 56, 117
シャーロー，ピーター（Shirlow, Peter） 229(n10)
ステュアート，A. T. Q.（Stewart, A. T. Q.） 115, 119, 230(n18), 236(n22)
スミス，マリー（Smyth, Marie） 33, 226(n1), (n5)

【タ　行】
チャーチル，ウィンストン（Churchill, Sir Winston Leonard Spencer） 155, 162
デヴリン，バーナーデッド（Devlin, Bernadette＝McAliskey, Bernadette Josephine） 11, 233(n49)
トッド，ジェニファー（Todd, Jennifer） 24, 67–68, 103, 225(n30), 230(n11)
トリンブル，デイヴィッド（Trimble,

David William） 60, 129, 132–39, 142, 190, 239（n14）, 244（n22）, 270

【ナ　行】

ネアン, トム（Nairn, Tom） 65

【ハ　行】

ビュー, ポール（Bew, Paul） 223（n22）, 238（n41）
ヒューム, ジョン（Hume, John） 60, 126, 128, 244（n22）
ファノン, フランツ（Fanon, Frantz） 72
ファリントン, クリストファー（Farrington, Christopher） 203, 230（n16）
フィッツダフ, マリー（Fitzduff, Mari） 215
フェイ, マリー－テレーゼ（Fay, Marie-Therese） 33, 226（n1）, （n5）
フォークナー, ブライアン（Faulkner, Brian） 92–93
ブルース, スティーヴ（Bruce, Steve） 66
ブレア, トニー（Blair, ［'Tony'］ Anthony Charles Lynton） 60
ペイズリー, イアン（Paisley, Ian Richard Kyle［Reverend］） 89, 90, 93, 121, 124, 134, 138, 244（n22）
ヘネシー, トーマス（Hennessy, Thomas） 191
ベル, デズモンド（Bell, Desmond） 66
ポーコック, J. G. A.（Pocock, J. G. A.） 102
ホール, マイケル（Hall, Michael） 247（n6）, 253
ホワイト, ジョン（Whyte, John） 20, 23–25, 27, 222（n12）, 224（n28）

【マ　行】

マクガリー, ジョン（McGarry, John） 24, 225（n29）
マッカートニー, ロバート（McCartney, Robert） 128, 129
マックブライド, イアン（McBride, Ian） 65, 74, 77, 99, 231（n25）, 234（n2）
ミッチェル, ジョージ（Mitchell, George John） 60
ミラー, デイヴィッド（Miller, David） 65, 229（n4）
メンミ, アルベール（Memmi, Albert） 199, 231（n23）, 245（n32）
モリシー, マイク（Morrissey, Mike） 33, 226（n1）
モリニュー, ジェイムズ（Molyneaux, ［'Jim'］ James） 121, 124, 128, 135

【ラ　行】

ラクリン, ジェイムズ（Loughlin, James） 237（n37）
ルアン, ジョゼフ（Ruane, Joseph） 24, 225（n30）
ルーシー, ゴードン（Lucy, Gordon） 138, 158, 243（n17）

北アイルランドをめぐる略年表

年	事　　項
1171	イングランド国王ヘンリ2世がアイルランドに来島
1541	イングランド国王ヘンリ8世がアイルランド国王を宣言
1608	アルスター植民開始
1689	デリー包囲
1690	7月，ボイン河の戦いにおけるウィリアム3世の勝利
1707	グレート・ブリテン連合王国成立
1795	オレンジ・オーダー結成
1801	アイルランド併合，グレート・ブリテンおよびアイルランド連合王国成立
1886	第1次自治法案否決
1893	第2次自治法案否決
1905	アルスター・ユニオニスト評議会創設
1910	カーソン，ユニオニスト党の党首に
1911	ユニオニストによるホーム・ルール反対運動の高まり
1912	4月，第3次自治法案提出
	9月，アルスター誓約・アルスター宣誓
1913	1月，アルスター義勇軍結成
	11月，アイルランド義勇軍結成
1914	第3次自治法案成立，第一次世界大戦勃発のため，施行延期
1916	4月，イースター蜂起
	7月，ソンムの戦い
1919	アイルランド独立戦争開始
1920	アイルランド統治法成立
1921	北アイルランド議会発足，クレイグが首相に就任
	イギリス＝アイルランド条約締結
1922	南部26州にアイルランド自由国成立，北部6州は連合王国にとどまる
1937	アイルランド自由国，新憲法を制定，国名を「エール」とする
1939	第二次世界大戦開始，エールは中立を表明
1941	ドイツ軍によるベルファスト爆撃
1949	エールが英連邦から離脱，アイルランド共和国成立
1963	オニール政権発足
1966	アルスター義勇軍（UVF）結成
1967	北アイルランド公民権協会の設立
1968	公民権運動開始
1969	8月，デリーでの衝突を契機に紛争開始，イギリス軍の北アイルランド駐留
	12月，IRAが正統派と暫定派に分裂

年	事　　項
1970	1月，シン・フェイン党（Sinn Féin）が正統派と暫定派に分裂
	8月，社会民主労働党（SDLP）結成
1971	8月，インターンメント制度導入
	9月，アルスター防衛協会（UDA）設立
	ペイズリーが民主ユニオニスト党（DUP）を結成
1972	1月，デリー「血の日曜日事件」，IRAの活動ピークに
	3月，北アイルランド自治停止，イギリスの直接統治開始
1973	サニングデール協定締結
1974	1月，連立政権発足
	5月，アルスター労働者会議によるゼネストの実施，連立政権崩壊
	イギリス本土でのIRAの活動活発化
1975	アイルランド民族解放軍（INLA）結成
	アルスター義勇軍（UVF）の非合法化
1976	ピース・ピープルによる平和運動の高まり
1981	獄中でIRA活動家のハンスト開始，ボビー・サンズら10名が死亡
1983	新アイルランド・フォーラム発足
1985	9月，アルスター協会設立
	11月，イギリス＝アイルランド協定締結
1986	連合王国における市民的平等に向けてのキャンペーン（CEC）発足
1990	コミュニティ関係協議会（CRC）設立
1992	アルスター自由戦士団（UFF）の活動活発化，アルスター防衛協会（UDA）の非合法化
1993	4月，北アイルランド和平共同宣言（ヒューム＝アダムズ共同声明）
	6月，オプサール報告発表
	12月，イギリス＝アイルランド共同宣言（ダウニング街宣言）
1994	9月，IRAの停戦宣言
	10月，ロイヤリスト武装組織の停戦宣言
1995	2月，和平に向けての「枠組み」文書発表
	7月，オレンジ・パレードをめぐるドラムクリーでの衝突
	9月，トリンブル，アルスター・ユニオニスト党党首に就任
1996	2月，和平交渉が難航，IRAの停戦破棄
	6月，和平会議開始（シン・フェイン党は除外）
	夏のオレンジ・パレードをめぐり北アイルランド各地で暴動
1997	7月，IRA再停戦
	9月，シン・フェイン党の和平会議参加
1998	4月，イギリス・アイルランド両政府による和平合意成立（「聖金曜日合意」）
	5月，住民投票による和平合意の支持

年	事　　項
	6月，北アイルランド地方選挙を経て，自治議会が発足
	7月，北アイルランド地方議会，アルスター・ユニオニスト党とも，トリンブル党首を首席大臣に選出
	8月，北アイルランド・オマーの爆破事件により240人死傷，「真のIRA（RIRA）」が犯行声明
	12月，トリンブルとヒューム，ノーベル平和賞受賞
1999	IRAが武装解除を開始せず，ユニオニストが議会をボイコット
	12月，北アイルランド自治政府発足，トリンブルが首相に就任
2000	2月，IRAの武装解除すすまず，ユニオニストの反発高まる
	イギリスによる北アイルランド自治停止
	5月，IRA武装放棄声名，北アイルランド自治政府再開
	6月，北アイルランド地方議会再開
2001	7月，IRAの武装解除すすまず，トリンブル首相辞任
	10月，IRA武装解除声名（背景としての9.11アメリカ同時多発爆破事件）
	11月，トリンブル，首相に再選
2002	4月，IRA，2度目の武装解除声名
	10月，シン・フェイン党のスパイ容疑事件に動揺広がる
	イギリスによる北アイルランド自治停止
2003	10月，IRA，3度目の武装解除声名
	11月，北アイルランド自治議会選挙の結果，ユニオニスト強硬派の民主統一党（DUP）が第一党に，シン・フェイン党もナショナリスト陣営で最大勢力に躍進
2004	北アイルランドの自治再開に向けて「包括的合意案」が提案されるが合意にいたらず
2005	7月，IRAの武装闘争終結宣言
	9月，IRAの武器放棄が独立監視委員会によって確認される
	英国下院選挙でトリンブル敗北，アルスター・ユニオニスト党首を辞任（その後2006年6月に上院議員に当選）
2006	10月，北アイルランド自治復活に向けての和平会議（「セント・アンドリューズ合意」）
2007	1月，シン・フェイン党，北アイルランド警察の活動を承認
	3月，北アイルランド自治議会選挙

（筆者作成）

北アイルランドにおける出身コミュニティ別人口構成

	人口数	カトリック[1)]	プロテスタント[2)]	その他	無回答
北アイルランド全体	1,685,267	43.76	53.13	0.39	2.72
地方行政区					
アントリム	48,366	38.64	56.65	0.45	4.25
アーズ	73,244	12.60	82.52	0.37	4.51
アーマー	54,263	48.70	50.05	0.15	1.10
バリミーナ	58,610	20.97	76.31	0.32	2.41
バリマニー	26,894	31.90	66.24	0.11	1.76
バンブリッジ	41,392	31.47	66.04	0.23	2.26
ベルファスト	277,391	47.19	48.59	0.78	3.44
キャリックファーガス	37,659	8.66	85.08	0.36	5.90
キャッスルリー	66,488	18.26	76.95	0.59	4.21
コールレイン	56,315	27.21	69.40	0.45	2.94
クックスタウン	32,581	57.64	41.13	0.10	1.14
クレイガヴォン	80,671	44.68	52.88	0.46	1.98
デリー	105,066	75.37	23.20	0.35	1.09
ダウン	63,828	61.95	35.49	0.16	2.40
ダンギャノン	47,735	60.80	38.20	0.17	0.83
ファーマナ	57,527	58.73	39.82	0.28	1.18
ラーン	30,832	25.18	71.74	0.12	2.95
リマヴァディ	32,422	56.58	41.57	0.14	1.71
リズバーン	108,694	33.35	62.78	0.36	3.52
マヘラフェルト	39,780	64.13	34.84	0.20	0.84
モイル	15,933	60.29	38.29	0.13	1.29
ニューリー・モーン	87,058	80.64	18.47	0.13	0.76
ニュータウンアビー	79,995	19.36	76.21	0.45	3.98
ノース・ダウン	76,323	12.58	80.49	0.54	6.39
オマー	47,952	69.07	29.66	0.23	1.03
ストラバン	38,248	66.19	33.26	0.14	0.41

註：1）「カトリック」は「ローマ・カトリック」という回答を含む。
2）「プロテスタント」はその他のキリスト教宗派を含む。

出典：Table KS07b: Community Background: Religion or Religion Brought Up In (Northern Ireland Statistics and Research Agency, *Northern Ireland Census 2001: Key Statistics*, Belfast: A National Statistics Publication, 2001, p. 22).

北アイルランドの地方行政区

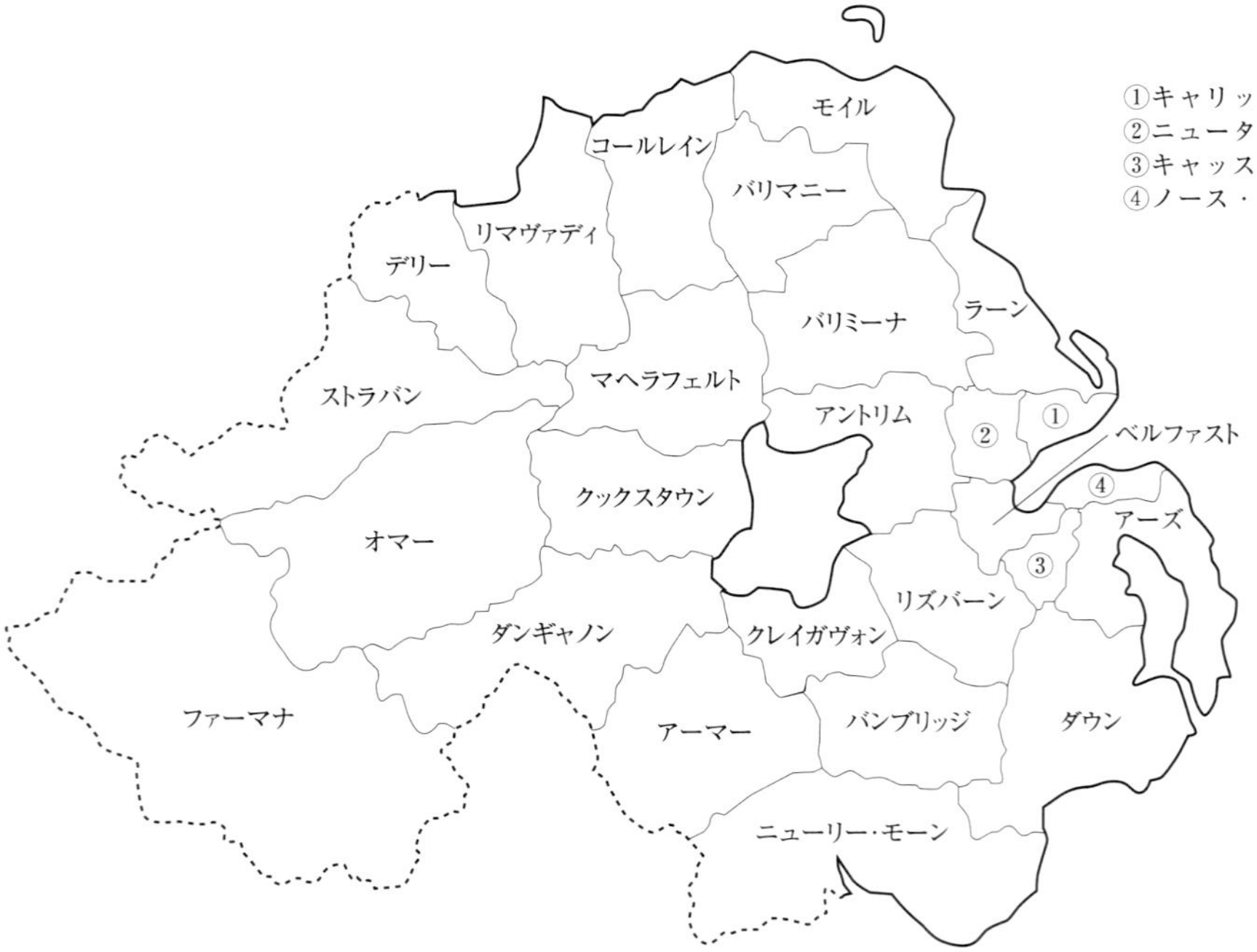

①キャリックファーガス
②ニュータウンアビー
③キャッスルリー
④ノース・ダウン

参考文献一覧

【日本語】

板垣雄三『歴史の現在と地域学――現代中東への視角』岩波書店，1992年。

伊豫谷登士翁『グローバリゼーションとは何か――液状化する世界を読み解く』平凡社，2002年。

岩崎稔・大川正彦・中野敏男・李孝徳編著『継続する植民地主義――ジェンダー／民族／人種／階級』青弓社，2005年。

上野　格「日本におけるアイアランド学の歴史」『思想』第617号，1975年11月，126–145頁。

――「戦前のわが国におけるアイアランド史研究文献について（1）」成城大学『経済研究』No. 49, 1975年，61–81頁。

――「イギリス史におけるアイルランド」青山吉信・今井宏編『概説イギリス史』有斐閣，1982年，259–287頁。

――「アイルランド」松浦高嶺・上野格著『イギリス現代史』山川出版社，1992年，291–350頁。

上野格・アイルランド文化研究会『図説　アイルランド』河出書房新社，1999年。

小笠原博毅「文化政治におけるアーティキュレーション――「奪用」し「言葉を発する」こと」『現代思想』Vol. 26–4, 1998年３月臨時増刊。

勝田俊輔「『共同体の記憶』と『修正主義の歴史学』――新しいアイルランド史像の構築に向けて」『史学雑誌』第107編第９号，1998年９月，80–95頁。

――「名誉革命体制とアイルランド」近藤和彦編『長い18世紀のイギリス――その政治社会』山川出版社，2002年，150–174頁。

――「アイルランドにおける宗派間の融和と対立――1820年代のダブリンの事例から」深沢克己・高山博編『信仰と他者――寛容と不寛容のヨーロッパ宗教社会史』東京大学出版会，2006年，183–222頁。

鹿野政直『「鳥島」は入っているか――歴史意識の現在と歴史学』岩波書店，1988年。

――『沖縄の縁――伊波普猷とその時代』岩波書店，1993年。

木畑洋一『支配の代償――英帝国の崩壊と「帝国意識」』東京大学出版会，1987年。

木畑洋一編著『大英帝国と帝国意識――支配の深層を探る』ミネルヴァ書房，1998年。

小関　隆『1848年――チャーティズムとアイルランド・ナショナリズム』未來社，1993年。

小関隆・勝田俊輔・高神信一・森ありさ「アイルランド近現代史におけるナショナリズムと共和主義の『伝統』」『歴史学研究』第726号，1999年９月，22–33頁。

1998年，414–460頁。

——『「王国」と「植民地」——近世イギリス帝国のなかのアイルランド』思文閣出版，2002年。

油井大三郎・遠藤泰生編『浸透するアメリカ，拒まれるアメリカ——世界史の中のアメリカニゼーション』東京大学出版会，2003年。

尹健次『現代韓国の思想1980–1990年代』岩波書店，2000年。

尹慧瑛「ホワイトネス」伊豫谷登士翁編『グローバリゼーション』作品社，2002年，140–141頁。

米山リサ『暴力・戦争・リドレス——多文化主義のポリティクス』岩波書店，2003年。

【欧　文】

Alcock, Antony, *Understanding Ulster*, Lurgan: Ulster Society, 1994.
The Alternative Guide to Derry, Derry: Pat Finucane Center, 1996.
Anderson, Benedict, *Imagined Communities: Reflection on the Origin and Spread of Nationalism*, revised ed., London: Verso, 1991（白石さや・白石隆訳『増補　想像の共同体——ナショナリズムの起源と流行』NTT 出版，1997年）.
Arthur, Paul and Keith Jeffery, *Northern Ireland since 1968*, Oxford: Basil Blackwell, 1988（門倉俊雄訳『北アイルランド現代史——紛争から和平へ』彩流社，2004年）.
Aughey, Arthur, *Under Siege: Ulster Unionism and the Anglo-Irish Agreement*, London: Hurst and Company, 1989.
Barritt, Denis, *Northern Ireland: A Problem to Every Solution*, London: Quaker Peace and Service, 1982.
Barritt, Denis and Charles Carter, *The Northern Ireland Problem: A Study in Group Relations*, 2 nd ed, Oxford: Oxford University Press, 1972.
Bell, Desmond, *Acts of Union: Youth Culture and Sectarianism in Northern Ireland*, London: Macmillan Education, 1990.
Bew, Paul, Peter Gibbon and Henry Patterson, *The State in Northern Ireland 1921–1972: Political Forces and Social Classes*, Manchester: Manchester University Press, 1979.
—— *Northern Ireland 1921–1994: Political Forces and Social Classes*, London: Serif, 1995.
—— *Northern Ireland 1921–2001: Political Forces and Social Classes*, London: Serif, 2000.
Boyce, D. G. and Alan O'Day（eds）, *The Making of Modern Irish History: Revisionism and the Revisionist Controversy*, London: Routledge, 1996.
Brady, Ciaran（ed.）, *Interpreting Irish History. The Debate on Historical Revisionism, 1938–94*, Dublin: Irish Academic Press, 1994.
Bruce, Steve, *God Save Ulster!: The Religion and Politics of Paisleyism*, Oxford: Oxford University Press, 1986.
Buckland, Patrick, *A History of Northern Ireland*, Dublin: Gill and Macmillan, 1981.
Buckley, Anthony, 'Walls within Walls: Religion and Rough Behaviour in Ulster Commu-

nity', *Sociology*, Vol. 18, No. 1, 1984, pp. 19–32.
—— 'Uses of History Among Ulster Protestants', in Gerald Dawe and John F. Wilson (eds), *The Poet's Place*, Belfast: Institute of Irish Studies, 1991, pp. 259–271.
Cairns, Ed, *Caught in Crossfire: Children and the Northern Ireland Conflict*, Belfast: Appletree Press, 1987.
Clayton, Pamela, *Enemies and Passing Friends: Settler Ideologies in Twentieth Century Ulster*, London: Pluto Press, 1996.
Coakley, John (ed.), *Changing Shades of Orange and Green: Redefining the Union and the Nation in Contemporary Ireland*, Dublin: University College Dublin Press, 2002.
Cochrane, Feargal, *Unionist Politics and the Politics of Unionism since the Anglo-Irish Agreement*, Cork: Cork University Press, 1997.
Colley, Linda, *Britons: Forging the Nation 1707–1837*, London: Yale University Press, 1992（川北稔監訳『イギリス国民の誕生』名古屋大学出版会，2000年）.
—— 'Britishness and Otherness: An Argument', *Journal of British Studies*, Vol. 31, No. 4, October 1992, pp. 309–329（川本真浩・水野祥子訳「『イギリス的なるもの』と『非イギリス的なるもの』——ひとつの議論」『思想』第884号，1998年2月，76–98頁）.
Cordner, William, *Brownlow House: A Short Guide*, Lurgan: Ulster Society Publication, 1993.
Coulter, Colin, 'The Character of Unionism', *Irish Political Studies*, Vol. 9, 1994, pp. 1–24.
—— 'Direct Rule and the Unionist Middle Classes', in English and Walker (eds), pp. 169–191.
—— *Contemporary Northern Irish Society: An Introduction*, London: Pluto Press, 1999.
—— 'Unionists After Unionism', *Peace Review*, Vol. 13, No. 1, March 2001, pp. 75–80.
Cox, Michael, Adrian Guelke and Fiona Stephen, *A Farewell to Arms?: From 'Long War' to Long Peace in Northern Ireland,* Manchester: Manchester University Press, 2000.
Darby, John, *Conflict in Northern Ireland: The Development of a Polarised Community*, Dublin: Gill and Macmillan, 1976.
—— 'Ideological Shifts', *The Irish Review*, No. 10, Spring 1991, pp. 118–122.
Dunlop, John, *A Precarious Belonging: Presbyterians and the Conflict in Ireland*, Belfast: The Blackstaff Press, 1995.
Eagleton, Terry, Fredric Jameson and Edward Said, *Nationalism, Colonialism, and Literature*, Minneapolis: University of Minnesota Press, 1990（増渕正史・安藤勝夫・大友義勝訳『民族主義・植民地主義と文学』法政大学出版局，1996年）.
Edwards, Ruth Dudley, *The Faithful Tribe*, London: Harper Collins Publishers, 1999.
English, Richard and Graham Walker (eds), *Unionism in Modern Ireland: New Perspectives on Politics and Culture*, London: Gill and Macmillan, 1996.
Equality Commission, *Fair Employment Monitoring Report 2002*, Factsheet December 2003 (http://www.equalityni.org/uploads/pdf/FEMon 2002 FS.pdf).
Farrington, Christopher, 'Ulster Unionist Political Divisions in the Late Twentieth Century',

Irish Political Studies, Vol. 16, 2001, pp. 49–71.
— 'Ulster Unionism and the Irish Historiography Debate', *Irish Studies Review*, Vol. 11, No. 3, December 2003, pp. 251–261.
— *Ulster Unionism and the Peace Process in Northern Ireland*, Hampshire: Palgrave Macmillan, 2006.
Fay, Marie-Therese, Mike Morrissey and Marie Smyth（eds）, *Northern Ireland's Troubles: The Human Costs*, London: Pluto Press, 1999.
Fealty, Mick, David Steven and Trevor Ringland, *A Long Peace?: The Future of Unionism in Northern Ireland*, Dorset: Slugger O'Toole, 2003.
Fitzduff, Mari, *Beyond Violence: Conflict Resolution Process in Northern Ireland,* Tokyo: United Nations University Press, 2002.
Fraser, Morris, *Children in Conflict*, London: Secker and Warburg, 1973.
Gallagher, A. M., *Education in a Divided Society: A Review of Research and Policy*, Coleraine: Centre for the Study of Conflict, 1994.
Garvaghy Residents, *Garvaghy: A Community Under Siege*, Belfast: Beyond the Pale, 1999.
Gellner, Ernest, *Nations and Nationalism*, Oxford: Basil Blackwell, 1983（加藤節監訳『民族とナショナリズム』岩波書店，2000年）.
Gibbon, Peter, *The Origins of Ulster Unionism: The Formation of Popular Protestant Politics and Ideology in Nineteenth-Century Ireland*, Manchester: Manchester University Press, 1975.
Godson, Dean, *Himself Alone: David Trimble and the Ordeal of Unionism*, London: Harper Collins Publishers, 2004.
Hage, Ghassan, *White Nation: Fantasies of White Supremacy in a Multicultural Society*, Annandale: Pluto Press, 1998（保苅実・塩原良和訳『ホワイト・ネイション――ネオ・ナショナリズム批判』平凡社，2003年）.
Hainsworth, Paul（ed.）, *Divided Society: Ethnic Minorities and Racism in Northern Ireland*, London: Pluto Press, 1998.
Hall, Michael（ed.）, *Puppets No More: An Exploration of Socio-economic Issues by Protestant East Belfast*（Island Pamphlets No. 21）, Newtownabbey: Island Publications, 1999.
—（ed.）, *Orangeism and the Twelfth: Report of a Cultural Debate Held in Protestant East Belfast*（Island Pamphlets No. 24）, Newtownabbey: Island Publications, 1999.
—（ed.）, *Seeds of Hope: An Exploration by the 'Seeds of Hope' (Republican and Loyalist) Ex-prisoners Think Tank*（Island Pamphlets No. 27）, Newtownabbey: Island Publications, 2000.
—（ed.）, *Towards a Community Charter: An Exploration by the Falls Think Tank*（Island Pamphlets No. 28）, Newtownabbey: Island Publications, 2000.
—（ed.）, *A Question of 'Community Relations': Protestants Discuss Community Relations Issues*（Island Pamphlets No. 32）, Newtownabbey: Island Publications, 2000.
—（ed.）, *Community Relations - An Elusive Concept: An Exploration by Community Ac-*

tivists from North Belfast (Island Pamphlets No. 36), Newtownabbey: Island Publications, 2001.
—— (ed.), *The Forgotten Victims: The Victims' Group H.U.R.T. Reveal the Legacy of 'The Troubles'* (Island Pamphlets No. 39), Newtownabbey: Island Publications, 2001.
—— (ed.), *The Unequal Victims: Discussion by Members of Loughgall Truth and Justice Campaign* (Island Pamphlets No. 40), Newtownabbey: Island Publication, 2001.
—— (ed.), *In Search of a Haven: Discussion by Members of HAVEN Victims Support Group* (Island Pamphlets No. 44), Newtownabbey: Island Publications, 2002.
—— (ed.), *An Uncertain Future: An Exploration by Protestant Community Activists* (Island Pamphlets No. 45), Newtownabbey: Island Publications, 2002.
—— (ed.), *Towards a Shared Community Charter: Falls/Ballymacarrett Joint Think Tank* (Island Pamphlets No. 47), Newtownabbey: Island Publications, 2002.
—— (ed.), *'It's Good to Talk': The Experiences of a West Belfast Mobile Phone Network* (Island Pamphlets No. 51), Newtownabbey: Island Publications, 2003.
—— (ed.), *A Lifetime's Legacy: An Exploration by Members of WAVE Trauma Centre* (Island Pamphlets No. 52), Newtownabbey: Island Publications, 2003.
—— (ed.), *The East Belfast Interface (1): Protestant Young People Speak Out* (Island Pamphlets No. 54), Newtownabbey: Island Publications, 2003.
—— (ed.), *The East Belfast Interface (2): Protestant Young People Speak Out* (Island Pamphlets No. 55), Newtownabbey: Island Publications, 2003.
—— (ed.), *Beginning a Debate: An Exploration by Ardoyne Community Activists* (Island Pamphlets No. 56), Newtownabbey: Island Publications, 2003.
Harrison, Henry, *Ulster and the British Empire 1939: Help or Hindrance?*, London: Robert Hale, 1939.
Harvie, Scott, '17 November 1993 - A Night to Remember?', in English and Walker (eds), pp. 192–219.
Hayward, Katy and Claire Mitchell, 'Discourses of Equality in Post-Agreement Northern Ireland, *Contemporary Politics*, Vol. 9, No. 3, September 2003, pp. 293–312.
Hennessy, Thomas, 'Ulster Unionist Territorial and National Identities 1886–1893: Province, Island, Kingdom and Empire', *Irish Political Studies*, Vol. 8, 1993, pp. 21–36.
—— *A History of Northern Ireland 1920–1996*, London: Macmillan, 1997.
Hennessey, Tom and Robin Wilson, *With All Due Respect: Pluralism and Parity of Esteem*, Belfast: Democratic Dialogue, 1997.
Heskin, Ken, *Northern Ireland: A Psychological Analysis*, Dublin: Gill and Macmillan, 1980.
Heslinga, M. W., *The Irish Border as a Cultural Divide*, Assen: van Gorcum, 1979.
Hickey, John, *Religion and the Northern Ireland Problem*, Dublin: Gill and Macmillan, 1984.
Hobsbawm, Eric and Terence Ranger (eds), *The Invention of Tradition*, Cambridge: Cambridge University Press, 1983（前川啓治・梶原景昭ほか訳『創られた伝統』紀伊

國屋書店，1992年）.
Hughes, Joanne and Caitlin Donnelly, 'Ten Years of Social Attitudes to Community Relations in Northern Ireland', in Ann Marie Gray *et al*.（eds）, *Social Attitudes in Northern Ireland: The Eighth Report*, London: Pluto Press, 2002, pp. 39–55.
Jackson, Alvin, 'Irish Unionism, 1870–1922', in D. George Boyce and Alan O'Day（eds）, *Defenders of the Union: A Survey of British and Irish Unionism since 1801*, London: Routledge, 2001, pp. 115–136.
Jarman, Neil and Chris O'Halloran, *Peacelines or Battlefields?: Responding to Violence in Interface Areas*, Belfast: Community Development Centre, 2000.
Kenna, G. B., *Facts & Figures Belfast Pogrom 1920–1922 (edited by Thomas Donaldson 1997),* Dublin: The O'Connell Publishing Company, 1997［1 st published 1922］.
Kennaway, Brian, *The Orange Order: A Tradition Betrayed*, London: Methuen, 2006.
Kennedy, Dennis, *The Widening Gulf: Northern Attitudes to the Independent Irish State*, Belfast: The Blackstaff Press, 1988.
Kerr, Michael, *Transforming Unionism: David Trimble and the 2005 General Election*, Dublin: Irish Academic Press, 2006.
Lord Macaulay, *Lord Macaulay on Londonderry, Aughrim, Enniskillen and the Boyne*, Lurgan: Ulster Society Publication, 1989.
Loughlin, James, *Ulster Unionism and British National Identity since 1885*, London: Pinter, 1995.
—— *The Ulster Question since 1945*, London: Macmillan, 1998.
Lucy, Gordon（ed.）, *The Ulster Covenant: A Pictoral History of the 1912 Home Rule Crisis*, Lurgan: Ulster Society Publication, 1989.
Lucy, Gordon and Elaine McClure（eds）, *The Twelfth: What It Means to Me*, Lurgan: Ulster Society Publication, 1997.
——（eds）, *Remembrance*, Lurgan: Ulster Society Publication, 1997.
——（eds）, *Cool Britannia?: What Britisshness Means to Me*, Lurgan: Ulster Society Publication, 1999.
Marx, Karl and Frederick Engels, *Ireland and the Irish Question*, London: Progress Publishers, 1971.
McBride, Ian, 'Ulster and the British Problem', in English and Walker（eds）, pp. 1–18.
—— *The Siege of Derry in Ulster Protestant Mythology*, Dublin: Four Courts Press, 1997.
McDonald, Henry, *Trimble*, London: Bloomsbury, 2000.
McGarry, John and Brendan O'Leary, *Explaining Northern Ireland: Broken Images*, Oxford: Basil Blackwell, 1995.
McIntosh, Gillian, *The Force of Culture: Unionist Identities in Twentieth-Century Ireland*, Cork: Cork University press, 1999.
McKay, Susan, *Northern Protestants: An Unsettled People*, Belfast: The Blackstaff Press, 2000.
McNeill, Ronald John, *Ulster's Stand for Union,* London: John Murray, 1922.

Miller, David, *Queen's Rabels: Ulster Loyalism in Historical Perspective*, Dublin: Gill and Macmillan, 1978.

Morgan, Valerie *et al., Mixed Marriages in Northern Ireland*, Coleraine: Center for the Study of Conflict, University of Ulster, 1996.

Moxon-Browne, Edward, 'National Identity in Northern Ireland', in Peter Stringer and Gillian Robinson (eds), *Social Attitudes in Northern Ireland*, Belfast: The Blackstaff Press, 1991, pp. 23–30.

Mulholland, Marc, *Northern Ireland: A Very Short Introduction*, Oxford: Oxford University Press, 2002.

Murphy, Delvra, *A Place Apart*, London: John Murray, 1978.

Nairn, Tom, *The Break-Up of Britain: Crisis and Neo-Nationalism*, London: NLB, 1977.

Nelson, Sarah, *Ulster's Uncertain Defenders: Loyalists and the Northern Ireland Conflict*, Belfast: Appletree Press, 1984.

Nic Craith, Máiréad, *Culture and Identity Politics in Northern Ireland*, Hampshire: Palgrave Macmillan, 2003.

Northern Ireland Housing Executive, *Towards a Community Relations Strategy - A Consultation Paper May 1999* (http://www.nihe.gov.uk/publications/reports/community_relations_strategy.pdf).

O'Dowd, Liam, '"New Unionism", British Nationalism and the Prospects for a Negotiated Settlement in Northern Ireland', in David Miller (ed.), *Rethinking Northern Ireland: Culture, Ideology and Colonialism*, New York: Longman, 1998, pp. 70–93.

O'Neill, Terence, *Ulster at the Crossroads*, London: Faber & Faber, 1969.

Osborne, R. D., 'Discrimination and Fair Employent', in Peter Stringer and Gillian Robinson (eds), *Social Attitudes in Northern Ireland*, Belfast: The Blackstaff Press, 1991, pp. 31–38.

Parkinson, Akan F., *Ulster Loyalism and the British Media*, Dublin: Four Courts Press, 1998.

Pocock, J. G. A., 'The Limits and Divisions of British History: In Search of the Unknown Subject', *The American Historical Review*, Vol. 87, No. 2, April 1982, pp. 311–336.

Porter, Norman, *Rethinking Unionism: An Alternative Vision for Northern Ireland*, Belfast: The Blackstaff Press, 1996.

Power, Paul F., 'The Anglo-Irish Problem: A Matter of Which Question', *Comparative Politics*, Vol. 26, No. 2, January 1994, pp. 237–250.

Probert, Belinda, *Beyond Orange and Green: The Political Economy of the Northern Ireland Crisis*, Dublin: The Academy Press, 1978.

Purdy, Ann, *Molyneaux: The Long View*, Antrim: Greystone Books, 1989.

Rose, Richard, *Governing without Consensus: An Irish Perspective*, London: Faber & Faber, 1971.

Ruane, Joseph and Jennifer Todd, *The Dynamics of Conflict in Northern Ireland: Power, Conflict and Emancipation*, Cambridge: Cambridge University Press, 1996.

—— *After the Good Friday Agreement: Analysing Political Change in Northern Ireland*, Dublin: University College Dublin Press, 1999.

Ryder, Chris and Vincent Kearney, *Drumcree: The Orange Order's Last Stand*, London: Methen, 2001.

Shirlow, Peter and Mark McGovern, *Who are 'The People'?: Unionism, Protestantism and Loyalism in Northern Ireland*, London: Pluto Press, 1997.

Smith, Anthony, *National Identity*, London: Penguin Books, 1991（高柳先男訳『ナショナリズムの生命力』晶文社，1998年）.

Smyth, Marie and Marie-Therese Fay（eds）, *Personal Accounts from Northern Ireland's Troubles: Public Conflict, Private Loss*, London: Pluto Press, 2000.

Springfield Inter-Community Development Project, *Whatever Happened to the Peace Process?*, Belfast: Regacy Press, 2002.

Stewart, A. T. Q., *The Narrow Ground: Aspects of Ulster, 1609–1969*, London: Faber & Faber, 1977.

—— 'The Siege of Ulster', *The Spectator*, 11 January 1986, pp. 15–16.

—— *The Narrow Ground: the Roots of Conflict in Ulster*, revised ed., Hampshire: Gregg Revivals, 1989.

—— *The Narrow Ground: Aspects of Ulster, 1609–1969*, Belfast: Blackstaff Press, 1997.

Todd, Jennifer, 'Two Traditions in Unionist Political Culture', *Irish Political Studies*, Vol. 2, 1987, pp. 1–26.

—— 'The Limits of Britishness', *Irish Review*, No. 5, Autumn 1988, pp. 11–16.

Trew, Karen, 'National Identity', in Richard Breen, Paula Devine and Lizanne Dowds（eds）, *Social Attitudes in Northern Ireland (The Fifth Report 1995–1996)*, Belfast: Appletree Press, 1996, pp. 140–152.

The Twelfth 2001, Belfast: The Belfast County Grand Lodge, 2001.

Whyte, John, *Interpreting Northern Ireland*, Oxford: Oxford University Press, 1990.

Wilson, Thomas, *Ulster: Conflict and Consent*, Oxford: Basil Blackwell, 1989.

Wright, Frank, *Northern Ireland: A Comparative Analysis*, Dublin: Gill and Macmillan, 1987.

【その他】

北アイルランド紛争および北アイルランドの政治・社会関連の総合情報サイト
The CAIN（Conflict Archive on the INternet）Webservice（http://cain.ulst.ac.uk/）

北アイルランド問題関連の新聞記事一覧サイト
Newshound（http://www.nuzhound.com/）

北アイルランド政治・文化関連ポータルサイト
Slugger O'Toole（http://sluggerotoole.com/）

図版出典一覧

82頁：Malcom Brodie, *The Tele: A History of the Belfast Telegraph,* Belfast: The Blackstaff Press, 1995, p. 29.

83頁：Jonathan Bardon, *Belfast: A Century,* Belfast: The Blackstaff Press, 1999, p. 28.（NMGNI UM 所蔵）

125頁：*The Orange Standard,* December 1985 - January 1986.（Northern Ireland Political Collection, Linen Hall Library 所蔵）

147頁：*New Ulster,* No. 1, Summer 1986.（Northern Ireland Political Collection, Linen Hall Library 所蔵）

150頁：*New Ulster,* No. 11, Summer 1990, p. 13.（筆者所蔵）

153頁：Gordon Lucy（ed.）, *The Ulster Covenant: A Pictoral History of the 1912 Home Rule Crisis,* Lurgan: Ulster Society Publication, 1989, p. 47.

154頁：Lucy（ed.）, *The Ulster Covenant,* p. 48.

155頁：Bardon, *Belfast,* p. 29.（Belfast Central Library 所蔵）

156–57頁：Jonathan Bardon, *Belfast: An Illustrated History,* Belfast: The Blackstaff Press, 1982, p. 180.（Radio Times Hulton Picture Library 所蔵）

161頁：http://www.battlefield-site.co.uk/somme.htm（Belfast City Hall 所蔵）

《著者紹介》

尹 慧 瑛（ゆん へよん）

1973年，東京生まれ。

東京外国語大学外国語学部朝鮮語学科卒業。

一橋大学大学院社会学研究科地球社会研究専攻修士課程修了。同博士課程修了，博士（社会学）。

日本学術振興会特別研究員を経て，現在，一橋大学COE研究員，東京外国語大学などで非常勤講師。

主要業績：「ホワイトネス」伊豫谷登士翁編『グローバリゼーション』作品社，2002年；「北アイルランド紛争を生きる」須田努・趙景達・中嶋久人編『暴力の地平を超えて』青木書店，2004年；「いくつもの〈分断〉を超えて──北アイルランドのエスニック・マイノリティと〈社会の共有〉」御輿哲也編『〈移動〉の風景』世界思想社，2007年。

暴力と和解のあいだ
北アイルランド紛争を生きる人びと

2007年3月30日　初版第1刷発行

著　者　尹 慧 瑛
発行所　財団法人法政大学出版局
〒102-0073東京都千代田区九段北3-2-7
電話03（5214）5540／振替00160-6-95814
製版・印刷　三和印刷／製本　鈴木製本所

ISBN 978-4-588-36605-5　Printed in Japan